問題児

三木谷浩史の育ち方

山川健一

幻冬舎

問題児——三木谷浩史の育ち方

目次

3章　実業家が世の中を変えていく

特別付録　家族の会話「日本よ再び海洋国家になれ！」

もう一回大航海時代に戻るべきだ

医師会、農協、電力業界まで既得権益を守ろうとする

あの時、もしも今の憲法がなかったら

シュンペーターと夏目漱石

写真、撮影　蜷川実花
装丁　秋山具義・長谷部果菜子（Dairy Fresh）
編集協力　石川拓治

プロローグ――太陽の子供

音楽や絵画について、各作品の成り立ちを辿っていくと、リアルな歴史というものを感じることができる。ジャズやロックの発生の現場に行ってみたり、印象派の画家たちが見た風景を見て、彼らのアトリエを訪問してみたりすると、歴史は歴史であることを超えて僕らの前にリアルな姿を見せてくれる。

小説家の人生や彼らの作品にしてもそうだ。

だが過去ではなく、未来はどうか？

まだ書かれていない本のページを読むことはできないのだろうか。

いや、ごく稀にだが、同時代の誰かについて調べてみることで、未来を垣間見ることができる場合がある。アップルの創業者、スティーブ・ジョブズはそういう人であった。ジョブズの過去に、世界の未来が眠っていたのだと言うほかない。

日本にそういう人はいないのだろうか。僕はずっとそんなふうに考えていた。そして、三木谷浩史という人を見つけたのだ。彼のインタビューを進めていくと確かに今後の日本の方向性が見えてきた。

２０１１年３月に東日本大震災が起き、４月、三木谷浩史が10億円を寄付したというニュースが流れ、楽天も３億円寄付したと報じられた。東北楽天ゴールデンイーグルスの選手たちは神戸市営地下鉄三宮駅で募金への協力を呼びかけ、その後楽天は募金口座を設置し、「楽天クラッチ募金」をスタートさせた。

そして楽天は２０１１年に日本経済団体連合会（経団連）を脱退するのである。経団連と三木谷浩史の間で、エネルギー政策などをめぐって意見が衝突したのがきっかけだと言われている。

この時に三木谷浩史は、

「（経団連が）電力業界を保護しようとする態度がゆるせない」とコメントした。

３基の原子炉がメルトダウンし、それを収拾するのにどれくらいの時間と費用がかかるのか今でも誰にもわからないのだ。

２０１２年に三木谷浩史は新経済連盟（新経連）を発足させ、会員企業には楽天のほかサイバーエージェント、フューチャーアーキテクト、ライフネット生命保険などのインターネット関連の新興企業を中心に約780社が名を連ねた。

2012年9月、経団連の米倉弘昌会長が緊急記者会見を開き、「2030年代に原発ゼロを目指す」との政府方針について、当時の野田佳彦首相に電話で直接「承服しかねる」と反対の意向を伝えたことを明らかにした。

米倉会長は首相に対し、

「原発ゼロでは電気料金の高騰や電力供給不安、さらに企業活動の低迷や産業空洞化を招き、政府が先に決定した日本再生戦略に逆行する」と指摘し、

「原子力の平和利用で協定を結ぶ米国との関係に深刻な影響をもたらす」との懸念も伝達した。

政府が原発稼働ゼロを盛り込んだ文書自体の閣議決定を見送ったのも、経済3団体（経団連、日本商工会議所、経済同友会）からの圧力があったからだと言われている。

一方、新経連を立ち上げた楽天の三木谷浩史代表理事は、ツイッターで経済3団体が原発ゼロ反対会見をしたことについてコメントを求められ、

「新経済連盟は脱原発です」と明快に表明したのだった。

個人的な話で恐縮だが、僕は2011年から東北芸術工科大学芸術学部文芸学科の学科長をつとめている。山形市にある芸術大学で、他校に先駆けて反原発を宣言した

この大学には、山形県、宮城県、福島県の学生が多い。震災や原発事故の影響は今もなお、多くの学生たちを苦しめている。研究室で学生たちの相談にのっていると、テレビも新聞も政治もアテにはならない、という無力感を噛みしめることがしばしばである。そういう立場の僕にとって、三木谷浩史の脱原発宣言は、とても心強かった。

三木谷浩史とは、未来を見せてくれる希少な人物なのではないだろうか——僕がそう思い始めたのは、その頃からだ。

かくして、日本が、あるいは日本の企業が今後進んで行くべき方向性を探るために、楽天の三木谷浩史社長の取材を行うことにした。何度かお会いして話を伺ううちに、今の日本が抱える問題の根本は、僕が地方の芸術大学で常日頃感じている「教育問題」にあるのだと確信するようになった。

日本が抱えている様々な問題を解決していくためには、多くの人の意識の転換を図る必要があるだろう。この意識の転換を行うためには、柔軟な発想を持つ実業家が数多く出てこなければならないのだ。

そんなふうに考えていた僕は、ある時三木谷浩史が楽天グループと日本の将来を見据えるその力の源流が、希代の実業家である彼を育てた両親の教育方針とその血脈、さらに神戸という土壌にあることに気づいたのだった。

どういう教育を施せば、このようなスケールの大きな発想ができる実業家が育つのだろう？

なぜ三木谷浩史はこのように育ったのだろう？

その答えを探すため、彼が受けてきた教育の原風景を探っていくことにしたのである。

太陽のような子供。

彼はそう表現するのがぴったりな、陽気で気さくで優しい少年であった。

世間では、三木谷浩史は一橋大学から興銀、そしてハーバード大学へ行ったエリートで、彼と比べればライブドアの創業者の堀江貴文のほうがヤンチャだというイメージがある。僕もそう思っていた。ところが一度会っただけで、それが大きな間違いだということがわかる。

「わはは！」と彼は豪快に笑いながら様々な事象について明確に、そして大胆に説明していく。

たとえば、

「この前、イーロン・マスク（南アフリカ共和国・プレトリア出身のアメリカの起業家で、スペースX社の共同設立者およびCEO）と話したんですが、やはりベンチャー起業家は、国家に反逆しなくてはいけない、と。ははは」という具合にである。

「反逆してますよね」と僕が問うと、こんな答えが返ってきた。

「反逆しているわけじゃないんですが、別に国家権力に『はいはい、そうですか』とは従いませんよ、ということです。日本の教育システムって、『前へならえ、右へならえ』と強要する。それを何も考えずに信じ、指示されたことだけをやりなさいという教育ですよね。そういう教育はクリエイティビティを殺します。僕はそう思っています。その姿勢は楽天の中に脈々と息づいています。楽天自身も、収支的に言えば国のフレームワークでやっていたほうが儲かったかもしれないけれど、そもそも『楽天は現代の亀山社中である』というコンセプトで作っていますから」

と気負いなく言う。

そんな三木谷浩史は十分以上に悪童であった。問題児だった。中学で煙草を吸い、競馬、パチンコ、麻雀に入れ込み、父親の財布から金をくすねた。成績はふるわず、中学校の通信簿は5段階評価で2と3ばかりである。欠席日数40日以上、遅刻は30回以上。それが高校2年まで続く。

いつ道をそれてしまってもおかしくない危うさを、この少年はずっと内側に隠し持っていたのだ。

そうならなかったのは、少年の背中を、いつも見てくれている存在があったからだ。父親である。勉強ができないことを、そもそも勉強しないことを、父親は一度も叱らなかった。母親もそうである。

だが息子の背中を見ていて、ちょっとまずいなという時にはトントンと肩を叩き、小声でアドバイスしてきた。道をそれる直前で、少年は太陽に照らされた明るい世界に戻ってくることができた。

少年の両親は、日本の多くの家族がそうであったように、大きな戦争と敗戦をくぐり抜け、貧しい時代を乗り越えてきた。決して多いとはいえない給料で、３人の子供たちを大学にやった。母親も学習塾で働き、生計を支えた。

その過程で、「本質を見る」ことの大切さを痛切に感じるようになった。だから両親は息子にもそうしてほしいと願ったのである。

高校2年の時から息子は猛然と勉強し始め、一浪して一橋大学商学部に入学する。大学では体育会系のテニス部での活動に明け暮れ、学業のほうは50人中39番だった。

だがゼミだけは真剣にやった。そのためだろうか、なぜか卒論を読んだ教授に大学に残らないかと誘われる。

息子は、迷った。なぜなら、彼の父親が経済学者であったからだ。自分もまた父の歩んだ道を行ってもいいのではないか。

相談すると、父親は苦笑しながら「それは止めたほうがええんちゃうか」とアドバイスする。息子が学者には向いていないことを看破していたのだろう。

そして息子は興銀に就職し、同期の中で最速でハーバード大学に社費留学しＭＢＡを取得した。だが銀行を辞めてＩＴベンチャーを起業する。息子は自分の会社に「楽天」という名前をつけたいと思い、神戸の両親の家に帰った。

父親が頷くのを見て、彼は会社の名前を決定したのである。

その時もそれからも、人生のターニングポイントで、息子は父親に相談をもちかけた。

父親は、愛する息子を、いわば背中から教育したのだった。必要な時にだけ声をかけ、太陽の方向に導いたのである。

父は、２０１３年11月９日に亡くなった。

息子は悲しみをこらえ、今でも時々考える。

親父なら何と言っただろうか――と。

父親の名前は三木谷良一という。著名な経済学者であった。母親は三木谷節子。自由主義的な価値観の中で、息子を見守ってきた。

息子の三木谷浩史は楽天株式会社の創業者で、代表取締役会長兼社長として、70以上のサービスを国内外に展開する楽天グループを統括。新経済連盟代表理事、東北楽天ゴールデンイーグルス会長兼球団オーナー、Jリーグヴィッセル神戸オーナー、東京フィルハーモニー交響楽団理事長をつとめている。さらに2017年7月、楽天はサッカーの名門クラブ、FCバルセロナとパートナー契約を結んだ。

本書は、愛情溢れた父親と母親という太陽に導かれた問題児が、どのように育ち、どのような教育を受け、そして今後どこへ向かおうとしているのかという物語である。それは「日本」という箱船に乗り合わせたわれわれにとっても、無関係な話ではない。

では——始めよう。

1章　三木谷浩史を教育した父と母の考え

初めての鮮やかな記憶

三木谷浩史には、忘れられない記憶がある。夜だったのか昼だったのか、夕暮れ時のことだったのか、はっきりとは覚えていない。

だがそいつは、周囲の薄暗がりの中で光そのものを切り取ったように輝いている。ふとした弾みで蘇ってくるそれは、父親が振りかざした太刀である。備前の名工の鍛えた太刀だという話を、少年は何度も聞かされていた。

少年だった自分の膝の上には短刀が置かれている。

正座した浩史少年の膝に、父親がそいつを置いたのである。

「それで腹を切れ」

そういう声が聞こえてくる。

子供に手を上げるような父親ではなかった。むしろ物わかりのいい、陽気で、話し好きの父親だった。だが時々、火がついたように怒ることがあって、この時の父親がまさにそうなのであった。

まさか本気で我が子に切腹させるはずはないと少年は思うのだが、確信はなかった。

父は剣道の有段者であった。

少なくとも、冗談で言っているわけでないことは、表情でわかる。

動けずにじっと固まっていると、頭の上から再び声が降ってきた。

「さあ、その短刀を抜け」

まさかと思って見上げると、その人は抜いた太刀を大上段にふりかぶっている。その光景は鮮烈で、忘れることができないのだ。

「介錯は、父さんがしてやる。見苦しい真似をすな」

その声はむしろ優し気で、だからこそかえって腹の底から震えがきた。

「ごめんなさい。もうしません」

気がついたら、手をついて必死に謝っていた。

「ひろし。物事には、謝ってすむことと、すまないことがあんねんで。今日、おまえは、取り返しのつかないことをした。切腹させてやるのは、せめてもの親の情けだ。さあ、はようその短刀を抜きなさい」

そこから先の記憶はない。もちろん、父は抜いた太刀をふりおろさなかった。ふりおろさなかったから、今の三木谷浩史が存在するわけだ。

どうやってその場が収まったのか。許してくれたのか、それとも隙を見て逃げ出したのかは覚えていない。

俺のことだからきっと走って逃げたのかな――と三木谷浩史は思うのだ。

いずれにせよ、とんでもない悪さをしたことだけは確かだろう。悪さをしたことがバレた。中学生の頃は様々な悪いことをして、だから説教はよくされたが、さすがに太刀を抜かれたのはこの時と、あともう一回くらいのことである。

過ぎ去ったことをあまりよく覚えていないのは、三木谷浩史の一種の癖みたいなものだ。記憶力が悪いわけではなく、過ぎてしまったことにはほとんど関心を持てないのだ。たった今この瞬間に関心のあることばかり考えるせいで、過去が霞んでしまう。

関心があるのは、いつも自分が夢中になっているその時々のことで、それ以外の過ぎたことは、彼にとってはほぼどうでもいい。

少年時代もそうだったし、今でもそうだ。

三木谷が中学生だった頃の関心は遊びにあった。それも、かなり大人びた遊びだ。中学生にして煙草を吸い、パチンコ、麻雀、競馬に明け暮れていた。勉強はまったくしなかったが、好きなことにはとにかく集中する性格だから、パチンコは得意だった。それにしてもギャンブルは金がかかる。中学生の彼の小遣いでは、とても足りない。それで時々父親の財布から、こっそりお金を持ち出した。

父親が烈火の如く怒ったのは、それが露見したからかもしれない――と彼は今思うのだ。

太刀は、代々、父の母方の家系に伝えられた名刀である。南北朝時代のものだ。太刀は〝刀〟の時代の前のもので、馬上戦で使用された。手綱を持ちながら抜くので長く、反りが違う。

三木谷家の家系図のいちばん上には、本多忠勝の名が記されている。家康に仕え、徳川四天王に数えられた猛将だ。武勇をもって家康の天下取りに貢献し、その功績により初代桑名藩主となった。

名前の由来は「ただ勝つのみ」だと伝えられている。

蜻蛉《とんぼ》を切る父方の祖母、本多昌子の先祖は播磨国を治めていた山崎藩政信系本多家の流れを汲む本多家であり、第9代藩主で子爵の本多忠明は高祖父にあたる。

そのご先祖様に申し訳が立たないと、その人は言った。

「腹を切って詫びよ」と。

その人の名を、三木谷良一という。三木谷浩史の父親だ。

「父は僕のスーパースターでした」

そう話す彼の目に、うっすらと涙がうかんでいた。

息子から「僕のスーパースター」と言われる父親とはどのような人物だったのだろうか？

こんなエピソードがある。

備前長船の名刀工である上田祐定のもとを、三木谷良一が太刀を持って訪れた。2008年、リーマンショックの少し前のことであった。こいつを研いでほしい、ということであった。ただの刀剣好きの親父さんなのだろうくらいにしか上田は思わなかった。

三度目に奥さんと一緒に来た時に、「うちは三木谷といって、徳川四天王の一人の本多忠勝の子孫なんだ」と言われた。ＩＴ企業の楽天の社長である三木谷浩史氏は息子だと言う。

しかし、乗ってきたのがものすごくボロの車だったし、あまりにも気さくな人物だった。

だからなのだろう、

「いやー、どうも嘘じゃないかなあ」

と上田は思ったという。だが、良一が持ってきた刀は確かに名刀だったのだ。

その日の夜中の12時ぐらいまで、皆で上田祐定の仕事場で飲んだ。近くのスーパーに買い出しに行き、仕事場の若い人たちが料理して鍋をつついた。

お弟子さんの一人が言う。

「酒を買うから連れて行ってくれと言われて、三木谷さんと二人で近くのスーパーに行ったんです。一番いい日本酒を買うのかと思っていたら、『わしはこれが好きだ』と言って、たしか一升瓶の『さつま白波』を買った。『これが一番美味しい』と言われて。そこのお店、『魔王』などのいいお酒が置いてあるんですけど、そういうのじゃなくてこれが一番いいと言って。あの日は12時とか1時ぐらいまで飲んで、飲まなかった奥さんが運転して帰られたんです。次に来られた時、あの時間まで飲んでうちの女房に怒られたよって笑っていました。そんな気さくな方でした」

三木谷良一は太刀を研ぐ際に、新しい刀も注文した。自分自身のための大小揃いと、妻の節子のための短刀である。

古い刀は、いろいろ持ち主が代わってきている。良一は、代々、何百年も後世に残すための刀を自分の代で作りたいと考えたのである。もちろん、名前も入れた。「為三木谷良一君（みきたにりょういちきみのため）」と裏へ銘を切った。

良一は鳥取県西部の米子市に部屋を持っていた。近くに肥の河《ひかわ》（斐伊川）が流れている。そこをずっと上って行くと、ヤマタノオロチの伝説で、その尾から「天叢雲《あめのむらくもの》剣《つるぎ》」が出たと伝えられる場所がある。刀はここの砂鉄で作った。脇差は、青森県の陸奥湾の砂鉄で作った。

２００８年に依頼し、できあがったのは1年後である。

父親の三木谷良一も息子の浩史も、天衣無縫で明るく気さくな人物である。周囲の人は皆そう言う。だが気さくで明るいその魂の奥には、共に「猛将」のスピリットが隠されている。

三木谷良一は世界恐慌が起きた１９２９年、神戸市灘区に生まれた。

当時の神戸経済大学、今の神戸大学経済学部を卒業後、研究者の道に進み、１９９３年に定年退官するまで、神戸大学経済学部教授として教鞭を執った。専門は、金融論とアメリカ経済論で、日本金融学会の会長も務めていた。

神戸大学の名誉教授となり、イェール大学の客員教授でもあった。日本人には珍しい国際派の経済学者だった。

若い頃に語学の専門学校で学び、英語とドイツ語が堪能だった。フルブライト奨学金の試験をパスして、１９５９年、29歳の時にアメリカのハーバード大学大学院に留学している。当時最先端だったアメリカの経済学を学び、デモンストレーション効果で有名なジェームズ・デューゼンベリーやポール・スウィージーらとの親交を深めた。

息子の浩史は１９６５年生まれで、兄と姉がいる。３人の子の中でも、いちばん手がかかり、心配ばかりかけていた。

三木谷良一の身長は１８０センチ近かった。その年代の人としては、かなりの長身である。80歳を過ぎてなお矍鑠《かくしゃく》としていた。飄々とした神戸弁で、冗談を交えながら、何時間でも話をした。

学問上はケインズ学派に属していたのだが、実際にはもっと柔軟で、いつも本質を見ようとした。

「そもそも、それは」というのが口癖だった。その言葉に続けて、様々な事柄の本質を語り始めるのだ。

そして彼は、経済成長という概念を提起した経済学者、ヨーゼフ・シュンペーターを評価していた。

彼がケインズではなくシュンペーターの話をよくしたのは、この人の日々の関心が何処にあるかをよく示しているように思われる。

ヨーゼフ・シュンペーターは、１８８３年にオーストリア・ハンガリー帝国で生まれ、1950年にアメリカで没した。経済活動における均衡は沈滞だと主張した、異色の経済学者である。

「企業は創造的破壊を続けない限り生き残ることはできない」

とシュンペーターは言った。経済活動における新陳代謝を創造的破壊という言葉で表現したのである。

創造的破壊とは、新しいものを生み出すために古いものを破壊することだ。生物学で言うなら新陳代謝なのだ。

植物も動物も生きとし生けるものは新陳代謝によって生命を維持している。

シュンペーターは、おそらく世界でも最も早い時期に人間の経済活動を生命活動とよく似たダイナミックなものとしてとらえた経済学者だった。1911年の段階でイノベーションという概念を使い、社会を変革し新しい価値観を創出することの重要さを説いていた。

イノベーションは、シュンペーターの理論の中心概念である。イノベーションとして、シュンペーターは5つの類型を提示した。

1　新しい財貨の生産

2　新しい生産方法の導入
3　新しい販売先の開拓
4　原料あるいは半製品の新しい供給源の獲得
5　新しい組織の実現（独占の形成やその打破）

シュンペーターは、経済が静止状態にある社会においては、独創性のあるエリートは、官庁化した企業より未開拓の社会福祉や公共経済の分野に革新の機会を求めるべきであると主張した。

資本主義は巨大企業を生み出す。それが否応なく官僚的になり活力を失い、社会主義へ移行していく——というのがシュンペーターの理論である。

またシュンペーターは、カール・マルクスを評価し、「自分の考えや目的がマルクスの経済学を基礎にしているものだとは、はじめ気づかなかった」

「マルクスが資本主義発展は資本主義社会の基礎を破壊するということを主張するにとどまる限り、なおその結論は真理たるを失わないであろう。私はそう確信する」

などと述べている。

この彼の理論は社会に大きな影響を与え、マーガレット・サッチャーも、イギリスがシュンペーターの理論の通りにならないよう常に警戒しながら政権を運営していたと言われている。

良一は言う。

「1920年代、ボン大学の教授として教鞭を執っていたのがヨーゼフ・シュンペーターです。価格を安くする競争が行き着くところまで行くと利潤がなくなってしまうはずなのに、実際の経済が発展してきたのはなぜかと彼は考えたんですね。経済が拡大する際には、労働者が増えて支払う給与も増えるわけですが、本当の発展というのは単に規模が拡大するのではなく、イノベーションによって生産性が上昇していくことにある。それが経済成長であるというのがシュンペーターの考え方です。イノベーション自体が利益の源泉である、とシュンペーターは考えたのです」

イノベーション自体が利益の源泉――今のベンチャー企業のアイデンティティを言い当てているようではないか。

シュンペーターの理論は、良一がじっと見つめていた一人の実業家の理論的なバックボーンになり得るものだった。

実業家とは、言うまでもなく東京に暮らす末っ子の浩史である。

ただし経済学者らしく、息子の起業もひとつの経済現象として冷静に観察した。そしてごく普通の父親として、息子が何かで困った時に助けてやれるように備えていた。彼は時々、息子に簡潔な助言の手紙を書いた。助言はいつも的確だった。

良一の書斎は、三木谷家の最上階にあった。ここに日本刀が置かれていた。息子の介錯をしてやろうと、振り上げた刀だ。

窓からは、淡路島と本州をつなぐ、明石海峡大橋の橋脚が大きく見える。もっとも、浩史の少年時代にはその巨大な橋は存在していない。穏やかな瀬戸内の海が太陽の光を照り返している。

良一も浩史も、その海を見て育った。

良一が若かった頃、愛車スーパーカブの荷台に幼い浩史を乗せてよく遊びに行った海である。浩史はスーパーカブの後ろに乗せられて、舞子の海の、今は遊泳禁止になっているようなところで一緒に泳いだものだった。まだ50 ccでも二人乗りできた頃で、父と子の二人はカブに乗って、明石の商店街に一緒に魚を買いに行ったりもした。

このスーパーカブは、阪神・淡路大震災の時にも活躍したバイクであった。

小学校時代の通信簿

三木谷浩史は、少年時代は勉強をまったくしなかった。したがって成績は悪かった。小学校時代の通信簿は5段階評価でほとんど2か3である。「良い」「気をつけたい」の2段階評価では、ほとんどが「気をつけたい」である。しかし父の良一も、母の節子も気にかけなかった。それよりものびのびと育てることを心がけた。

そういう話をしても、誰も信用しない。誰もその話を真剣に聞かない。

嘘とはいわないが、成績が悪いといっても、それはクラスで一番ではなかったとか、オール5ではなかったとか、そういうたぐいの話に違いないと考える。

彼のプロフィールを見れば、誰だってそう思うだろう。

一橋大学を卒業し、日本興業銀行に入行、同期中最速でハーバード大学に留学し、MBAを取得。30歳で興銀を退職し、新卒の大学生を従業員にしてたった二人で起業し、わずか5年後にはアメリカの経済誌『フォーチュン』で世界の若手富豪ランキング6位に入るほどの成功を収めた。

どこから見てもエリートそのものだ。

三木谷の妻の晴子でさえ、まともに取り合わなかった。

三木谷には二人の子供がいる。

妻の晴子と子供たちの教育の話になった時、

「でも俺は勉強ができなかったよ」と三木谷は言った。

「そんなに悪いわけないでしょう」

「いやいや……」

そんな会話が交わされ、三木谷は実家の母に頼んで、小学校から高校までの通信簿を送ってもらった。

「これ、これ」と通信簿を見せたら、妻はさすがに唖然とした。

その通信簿のコピーが手元にある。三木谷の話は、大袈裟ではなかった。

小学校1年生から6年生までの間、5段階評価でいうと彼の成績表を埋めているのは2と3ばかりで、5はひとつもない。中学校の通信簿も2と3ばかり。それが高校2年生まで続く。

欠席日数も28日、21日、33日、という具合である。

「何やってたんだろうね。ほぼ2週間に1回は行ってない」と大人になった三木谷は不思議そうな顔をする。

小学校2年生の時の教師の所見の欄に「直感力にすぐれていてぱっと気がつくのですが、そのあとじっくり考えることが少ないので、考えが深まってきません」と書かれているのはまだ好意的な表現で、その他は「授業中落ち着きを欠く」「学習中の姿勢がやや悪い」「服装をきちんとしている時が少ない」「身の回りの整理整頓に気をつけさせてください」「ノートの利用が少し乱雑」「忘れ物が少し多い」「人の話を聞いていない」などといった言葉が並んでいる。

かつての自分の通信簿を苦笑しながら眺め、今の三木谷はこう言う。

「子供の頃からよく人の話を聞くいい子で、成績もよくて、行儀もよくて……そんなやつは、大成しないと思います。小学校の時に人の話を聞いてるやつなんか、駄目なんじゃないかと思います」

おっしゃる通りである。

「6時間ずっと真面目に椅子に座って授業を受けるなんてことを小学校からやってたら、それはもうロボットになっちゃいますよ。それだけではなく、日本の教育のおかしな点はよくわかっています。だから今はいっそのこと僕が学校を作ろうかと思ってるんです。枠にとらわれない学校を」

小学校5年生の頃、煙草を吸う先生が使っていたアルミの灰皿を無断で持ってきて、それをペシャンコにし廊下でエアホッケーをやった。

成績が悪いだけでなく、かなり教師の手を焼かせた子供だったのだ。

現在の三木谷浩史という人物の印象と、その通信簿はあまりにもギャップが大きく、これはむしろ痛快なくらいだ。

織田信長は子供の頃、「うつけ」と呼ばれていた。

隣国の斎藤道三を油断させるために、信長は愚か者を装っていたのだという説がある。そんな回りくどいことを、子供時代の信長がするだろうか？　浩史の通信簿を見てまず考えたのは、もしも戦国時代に通信簿があったら、信長の成績も似たり寄ったりだったに違いないということだった。

信長がうつけと呼ばれたのは、要するに大人たちの価値観に素直に従う子供ではなかったからだろう。浩史が教師に好かれるタイプの子供ではなかったように。

弁解するように、三木谷浩史は言う。

「子供の頃は、ルーズなくらいでいいんじゃないかと思うんです。枠にはめ込むようなことをしないで、のびのびと育てたらいい。成績なんて、どうでもいいんじゃないかって」

小学校の教師は通信簿に所見を書くとき、どんな生徒でもひとつくらいは長所を見つけなければいけないのだろう。どの通信簿にも異口同音に、同じ長所が書かれていた。

「子供らしく、明るく過ごせました」

少年三木谷浩史は、ひとことで言うなら、子供らしい子供だった。自分のやりたいことしかやらなかった。つまり、遊んでばかりいた。

もちろん、そういう子供はたくさんいる。というよりも、子供というものは、本来そういうものだ。もしも学校がなかったら、そして大人が何も強制しなかったら、子供は朝起きてから疲れ果てて寝るまで、好き放題に遊び続けるに違いない。

彼が幸運だったのは、それで十分だと彼の両親が考えていたことだ。

彼には4歳上の姉と、2歳上の兄がいる。この二人は浩史に比べるまでもなくかなり優等生で、姉は後に徳島大学の医学部を卒業して医師となり、兄は東京大学農学部を卒業して研究者になった。

世間的に言えば、浩史は兄弟の中の〝おちこぼれ〟だった。

しかし、彼の両親は浩史の成績が悪いことをほとんど気にしていなかった。

両親は学校の成績ではなく、違う部分を見ていたのだ。

父、良一が浩史の小学校時代のエピソードで忘れられないものがある。浩史が小学校2年生の時に出かけた授業参観でのことだ。

その時の光景は、ずっと良一の目に焼き付いていた。

算数の授業で、浩史は教師に指名されて、他の四人のクラスメートと、黒板に向かって同じ問題を解くことになった。

他の四人はさっさと問題を解いてしまった。浩史だけが、やたらと時間がかかっていた。板書も、浩史のだけがごちゃごちゃとしていた。浩史の教師は浩史の鈍くさい解き方を無視して、他の四人の正解を褒めたけれど、良一は浩史が公式を使わずに、愚直に計算してなんとか正解にたどりついていることに気づいていた。

「みんなさらさら解答を書いてるのに、浩史だけずいぶん時間がかかっていました。公式にあてはめるのではなく、自分で考えて解いていたからです。先生は、ややこしい解き方をしている浩史をはぶき他の子だけ見ていたんです。僕は浩史を見ていたんですが、やり方はちょっと違うんですが、答えは合っていました。我が子ながら、変わった子やなあと、しみじみ思いました。成績が悪いわけです。だけどこの子は、ちゃんと自分の頭で物事を考える子だということはわかった。彼のイノベーション力みたいなものを感じました」

浩史が苦労して解いたのは、「つるかめ算」の問題だった。

たとえば鶴と亀が合わせて10匹いて、足の数の合計が32本の時、鶴は何匹で亀は何匹かというような算数の初歩的な文章題だ。

この問題には標準的な解き方がある。まず10匹すべてが鶴と仮定すると、鶴の足は2本だから足の数の合計は2×10で20本になるはずだ。けれど、20本では実際の足の数の32本に12本足りない。この12本を、鶴と亀の足の数の差である2で割った数字、6が亀の数となる。つまり正解は亀が6匹、鶴が4匹ということになる。

浩史以外の子供たちは、授業中に教えられたこの解き方を覚えていて、すらすらと答えを出したのだった。けれど浩史には、それができなかった。

浩史なりの理屈があった。

「こうやったら解けますよって公式を教えられたら、つべこべ言わずに覚えなさいという考え方もありますよね。公式を覚えれば、とにかく問題は解けるわけだから。だけど、僕にはそれができないんです。覚えられない。なるほどなあと、自分で納得できればすっと頭に入るんです。でも、その納得がないと、まったく頭に入らない。それで、自分で考えながら問題を解いたんだけど、時間はかかるし、黒板はぐちゃぐちゃになるし、先生の目から見たら、おまえは何をやってるんだということになったんでしょう。確かに劣等生とみなされても仕方ない」

父親の良一がそう思っていなかったのが、三木谷少年の幸運であった。

「親父は達観していたのかもしれないですね。神戸の下町育ちで、いろんな友達がいて、いろんな人を見てきているからでしょう。『勉強がすべてではない』と、本当に思っていたんです。もう少し踏み込んで言うと、日本の教育というものを信じていなかったんじゃないですかね。学校の成績なんてどうでもいいと。僕は高校時代は、受験勉強と称して、途中から学校にほとんど行かなかったんです。それでも、父親からも母親からも学校に行けと言われたことは一度もなかった」

学校に行けと言わなかったのは、良一がきわめて合理的に考える人だったからだろう。

そして母親の節子も、当時の思いをこう語る。

「本人にやる気がなければ、親としてはどうしようもないと思っていました。よく言われるように、馬を水辺に連れて行くことはできるけれど無理やりに水を飲ませることはできない。それと同じだと私も考えていました。ただ、本人が何かをやりたい、と言い出した時にはできる限りのバックアップをする準備だけはしておきたいとも思っていました」

勉強というものは、本人が自分の意志で取り組まなければどうにもならない。強制して、無理やり教え込んだところで、ほとんど身につかない。

大学で長年教鞭を執っていた良一も、そして子供の頃から様々な経験をしてきた節子も、そのことをよく知っていたに違いない。

ただ、それだけではなく、何かを学ぶのに必ずしも学校が必要でないことを、良一は自分の身をもって経験していた。

日本が第二次世界大戦へと突き進み始めた時期に生まれ、戦時下に少年時代を送り、戦後の混乱期に学問の道を志すことになった良一が、英語とドイツ語をマスターしたのも、学校ではなかったのである。

父、三木谷良一の戦後体験

三木谷良一は、１９２９年11月30日、神戸市灘区東南部の友田町に生まれた。

後に経済学者として名をなした彼は、奇しくも、大恐慌の端緒とされるニューヨーク証券取引所における株価の一連の大暴落の１ヶ月後に、この世に生を受けたことになる。

世界を巻き込んだこの未曽有の恐慌が、第二次世界大戦の潜在的な原因となった。

植民地支配を行っていた当時の先進国は、恐慌から自国の経済を守るためにブロック経済へと突き進み、その結果として第二次世界大戦が勃発したわけだ。

国際社会にデビューして日の浅い日本はその典型例で、だから良一の少年時代は、世界経済の動きに翻弄された日本が戦争の泥沼に落ち込んでいった時期とぴたりと重なっている。

良一の父親は三木谷清三、母は昌子といった。

三木谷家は江戸時代から明治の初め頃にかけて兵庫の港で一、二と謳われた米問屋で、元は東播磨の三木から出た商人だった。

播磨の三木といえば、豊臣秀吉の「三木の干殺し」で有名な土地だ。

干殺しとは、兵粮攻めのこと。秀吉は三木城を1年10ヶ月にわたって包囲して城内への食糧補給を遮断し、城に籠もった数千人の兵士と領民を飢餓に陥れて城を落としている。兵粮攻めは秀吉の得意とした戦法で、鳥取城を干殺しにした時には、計略を用いてあらかじめ鳥取の米を高値で買い占めて城内の米を枯渇させ、短期間で城を落としたという話が残っている。

三木城攻めは長期におよんだために、秀吉は城内に兵粮を運び込もうとする毛利方と、幾度も熾烈な戦闘を繰り返さなければならなかった。鳥取での計略は、あるいは三木城攻めの反省から生まれたものかもしれない。

清三は、その三木出身の米問屋、三木谷家の三男だった。良一が説明してくれる。

「三木の出身やから三木屋という屋号だったのが、明治になって名字をつける時に、屋を谷にかえて、三木谷としたのではないかと思います。僕の曽祖父が非常に商才に長けてて、兵庫一位か二位の米問屋でした。大阪から、北前船ですね。兵庫に寄って、下関を回っての商売をしていたんです。米問屋で財をなしたものの、うちのじいさんの代で店が潰れました。昔はツケハンと言うんですが、今で言う借金の保証人になったのです。それでだまされたという話です。それだけではなく、僕のじいさんは初めは真面目に働いていたものの自分の代になったら芸者あそびをして身上を潰したという話もあります」

良一の母親、昌子が清三と出会ったのは、彼女がまだ10代の頃だ。清三は20代の半ばだったが、神戸の六甲で、小さいながらも原綿を輸入して製綿する工場を経営していた。

昌子が母親と二人の妹と四人で暮らしていた家が、その工場のすぐそばにあった。昌子の母親のくには、つまり良一の祖母だが、鳥取の古い商家の娘だった。庶民的で熱心な仏教徒だったが、面倒見のいい世話焼きな人でもあった。どういういきさつがあったか、独身だった清三をよく家に招いて食事をさせていた。清三の人柄を見込んだのかもしれない。

その縁で、昌子は清三に嫁ぎ、昭和の初めには珍しいことではなかったが、昌子は18歳で良一を産み、その3年後に清三は結核でこの世を去る。

父の清三が亡くなった時、良一は3歳。だから良一は自分の父親の顔をよく覚えていない。

だが母親の昌子と、祖母のくに、それから二人の叔母の女所帯で育った良一は、幼い頃から賢くてとにかく可愛がられたという。

学校の成績も申し分なかった。旧制中学校の5年間、250人の同級生の中で成績はいつも一番だった。いちばん悪かった試験の成績が、96点というから神童に近い。やがてこの世に生まれてくることになる息子の浩史とは天地ほどの差がある、と言わなければならない。

良一は言う。

「父が亡くなったのが昭和6年ぐらい。製綿工場もどっちがやるかで多少揉めたらしいけども、結局親父の兄貴がやるということで、だから僕とそのばあさんと母親と妹二人とで昭和6年ぐらいからたばこ屋をやったんです。当時のたばこ屋は町内に1軒で独占商店でしたから安定してたんです。そこで僕は大きくなった。僕の父親は、じいさんが米問屋を潰してからは苦労して、学校も行けなかった。『あんたのお父さんは、学校へも行けなかったけれど、あんたよりもずっと頭がよかった』って、よく母親に聞かされたもんです」

昌子がそう言ったのは、成績優秀だった息子の良一への戒めでもあろう。良一が天狗になることを心配したのだろう。

母の昌子は、先に紹介したように本多忠勝の末裔である。

本多忠勝は、戦国時代から江戸時代初期にかけての武将、大名である。徳川四天王、徳川十六神将、徳川三傑に数えられ、家康の功臣として有名だ。

一言坂《ひとことざか》の戦いという戦があった。元亀3年（1572年）10月13日、遠江国二俣城をめぐり、武田信玄と徳川家康の間で行われた戦いである。家康の退却戦である。

一言坂の戦いの後、「家康に過ぎたるものが二つあり　唐《から》の頭《かしら》に本多平八」という本多忠勝の武功を称える狂歌が登場した。「本多平八」は本多忠勝のことであり、「唐の頭」とはヤクの毛で作られた、兜に付ける飾りのことだ。中国四川省やチベット原産の日本では珍しい品であった。家康は難破した南蛮船からこれを入手し、愛用していたのである。

合戦における忠勝の活躍は敵味方を問わずに称賛され、家康からは「まことに我が家の良将なり」と激賞された。

「東に本多忠勝という天下無双の大将がいるように、西には立花宗茂という天下無双の大将がいる」と言われ、勇将として褒め称えられた。

〈蜻蛉が出ると、蜘蛛の子散らすなり。手に蜻蛉、頭の角のすさまじき。鬼か人か、しかとわからぬ兜なり〉

忠勝を詠んだそんな面白い川柳もある。蜻蛉とは、止まったトンボが真っ二つに切れたという槍のことだ。

本能寺の変で織田信長が明智光秀に討たれると、家康に伊賀越えを進言し、無事岡崎に帰りついた家康に「万死を免れるも、ひとえに忠勝の力なり」と称賛されたと言われる。

猛将だったが、ただ猛々しいだけではなかった。

関ヶ原において西軍が敗戦した時、真田昌幸・幸村親子に対して斬罪の処分が出た。それをくつがえすため、本多忠勝は真田親子の助命を嘆願したが、家康・秀忠親子が強硬に死罪を主張した。

自らの信念を貫こうとした忠勝は、

「お聞き入れくださらなければ、それがしが殿と一戦仕る（家康とも戦う所存である）」

とまで主君に言って、家康を説得したのである。

宝でもある家臣にそこまで言われた家康は、斬罪に処すはずの真田昌幸・幸村親子を助命した。

生涯において参加した合戦は大小合わせて57におよんだが、いずれの戦いにおいてもかすり傷ひとつ負わなかった。忠勝の生涯唯一の傷は、晩年に小刀に名前を彫る際に手を滑らせて指にできた小さな傷だけだった。

この傷を負ったことで自分の死期を感じたという説があるが、ほぼ1年後に死去した。

三木谷浩史の家系は、戦国時代の武闘派であった。その上、正しいと思えばその信念を貫き通す強さも兼ね備えていた。

そういう血が、三木谷浩史にも流れていることになる。


三木谷良一が言う。

「本多忠勝の子が姫路城の初代です。大阪から西が毛利家や島津家の勢力ですから、西への備えという意味での配置でしょう。それまでの本多家は四天王の筆頭でした。しかし三代徳川家光の時には世の中が平和になって、譜代に武闘派は必要ではなくなり、次第に冷遇されていった。時代の流れとともに改革があったのです。武士が次第に文官のようになり、本当の武士は不必要になり、郡山に国替え、さらに郡山から（播州）山崎に移されました。石高も10万石から1万石に減らされたんです。1万石でも大名ですが、ギリギリのギリギリ。封建制ですから、将軍の一言で国替えしなければならない。それでも珍しいことに幕末まで家が続きました。明治まで1万石を守ったのです。戦後まで本多家は続いていましたが、今は本多という名はなくなったんです」

三木谷浩史は、三木谷家は武士と商人のハイブリッドなのだと言う。商家の血と武家の血が融合してきた家系なのだと。

その意味は、両親の出自を繙いていくとよくわかる。

良一の成長は日本の激動期と重なっている。

「父の死後、たばこ屋で僕は大きくなった。昭和12年に日中戦争が始まり、16年、僕が旧制中学に入る直前、第二次大戦が始まりました。中学校の間はずっと戦時中でした」

１９４５年に敗戦を迎えた時、神戸も焼け野原だった。

「中学時代は勉強しようとしても、ほとんどできなかった。中学校2年生の終わりくらいから4年生までは、本当に勉強なし。動員されたのです。初めは土木で、防火用水を作っていました。しかし、セメントがないから山から粘土を持ってきて作業をしなければならなかったのです。でも、何にも役に立たなかった。それも皆、焼けてしまいました。大空襲が二回ありましたから。爆弾を落とされると周囲がものすごく熱くなるから、防火用水に皆が逃げるのです。そして、皆そこにはまって死んでしまった。神戸も3分の2くらいは焼けたでしょう。本当の焼け野原です。あの光景は、忘れようにも忘れられない」

良一は川崎重工業に動員され、潜水艦を造る作業にも携わった。

「結局、何も完成しなかった。B29が頻繁に飛んでくるんですよ。工場が爆撃され、そこで働いている中学生が死んだら、いくら戦時といっても社会的に大変でしょう。だからB29が飛来すると、すぐに『逃げろー！』ってことになるんです。平野《ひらの》は坂を2キロほど行けば山になりますから、そこまで走って逃げるんです。空襲が終わり、やれやれって帰ってきたら、それで一日が終わり。その当時のことでよく覚えている光景があります。労働に来ていたオーストラリアの捕虜がいたんです。神戸には捕虜収容所がありましたから。彼らは整然と隊伍を組んで、堂々と工場へ来た。あれは印象に残ってますね。プライドがあるんです。痩せていましたけどね。誇り、プライドがあるのは日本人だけちゃいますよ」

そんな過酷な日々も1945年8月で終わる。終戦である。

戦争が終わると、神戸にアメリカ軍の基地ができた。横浜と同じように、港のある神戸にも大勢のアメリカ軍兵士がやってきた。神戸がまるごと、アメリカの占領軍の補給基地になったのである。大丸デパートはアメリカ軍のPX、つまりアメリカ軍の基地内の売店になった。

神戸大学の講堂周辺が、アメリカ軍の将校や下士官のレジデンスとなり、そこだけは煌々と明かりが灯るようになった。

良一の最初の〝世界〟との出会いは占領軍のアメリカ兵だったのである。戦時中は鬼畜米英と教えられて育ったが、フランクで人懐こいアメリカ兵とアメリカ軍の豊かさは、良一の心に強烈な印象を残した。

「終戦の時に、進駐軍が来ました。うちの家の前もすごいトラックの行列でした。それも10トントラック。それまで見たことないような大きなトラックなんです。ある日、終戦の年の9月ぐらいかな、家にいたら進駐軍のアメリカ兵が玄関に入ってきたんです。肌は真っ黒で、歯が真っ白。今でも覚えてます。彼が『ギビーオーライ』と言う。でもわからない。後から考えれば『ギブ・ミー・ウォーター』って言ってたんですね。でもその時はわからなくて、こわごわと『なんや?』と日本語で言うたら、水を飲む仕草をする。その頃、神戸のほとんどの家は井戸でした。その井戸水が、灘の酒を造る宮水で、うまかったんです。その水を差し出すと、アメリカ兵が『こんなうまい水は飲んだことがない。おかわり、おかわり』というような仕草をして喜んでいました。この時ほど、意思疎通ができないことのもどかしさを感じたことはありませんでした。その時に、『これは英語、勉強せんとあかんなあ』と思ったんです」

良一は東京の大学の理系の学部に進学しようと考えていたが、母親が泣きながら「おまえが東京に行ったら餓死する」と言うので断念し、家のすぐ近くにあった神戸経済大学の予科に行くことに決めた。

「戦争中は鬼畜米英と教えられていましたが、実際に会ってみるとアメリカ兵はものすごくフランクで、いい人が多かった。それで、予科に入った時に、勉強せんといかんと思って、パルモア学院という学校に通って英語の勉強を始めました。そこには宣教師が来ていましたから、ネイティブの英語を学べたんです」

大学では金融論、国際金融論が専門の新庄博教授のゼミに所属した。

「新庄博先生は僕にとって生涯の恩人です。大変な人格者でした。この人は一橋大学出身なんです。息子の『ひろし』という名前も、この先生の名前をもらったんです。そのままつけるのは畏れ多いので、『浩史』にしたわけです。卒業の時に、先生は『大学に残れ』と熱心に言ってくれたのですが、うちは貧乏だし実業の世界で働こうと思い、『先生、ありがたい話やねんけども、やっぱり実業界に行きます』と、ゼミの帰りにお茶を飲みながら伝えました。先生は、すごく悲しそうな顔をして、『そうか、それはしょうがないなあ』と言ってくれました。でもその直後、天罰かのように、当時大流行していた結核になったんです。卒業する年の8月に発病しまして、大変でした。試験の時は親友が皆ノートを貸してくれて何とか卒業はできそうだったのですが、卒業自体は通常の3月から遅れてしまいました。それでも、仕方ありませんでした。ただ就職はできなくなりました。どうしようか……と思っていたところに、新庄先生が、『三木谷君、どないかするわ』と言ってくれて、自分のところの助手にしてくれたのです。その後、僕は講師として県立の神戸商大に行き、結局10年以上いることになります。それから神戸大へ帰ったのです」

病気がきっかけではあったが、良一は実業界ではなく、学問の道を歩み始める。

1953年に神戸経済大学（現神戸大学）経済学部を卒業、1954年に神戸大学経済学部助手、1957年神戸商科大学講師になり、1959年同助教授となった。ハーバード大学、スタンフォード大学を経て、1966年に神戸商科大学教授に就任。1969年神戸大学経済学部助教授、1972年同教授となった。

その後、イェール大学、オックスフォード大学、ミュンスター大学などを経て、1993年に神戸大学名誉教授となった。1993年から2002年まで神戸学院大学教授を務めた。

話を戻そう。

良一がやがて浩史の母となる女性、節子と出会ったのは、この新庄ゼミにおいてだった。2年後輩だった。節子が言う。

「新制と旧制だったんです。ですから卒業は1年違いですけど、学年は2年違い。私は新制の2回生だったんです。旧制は1年長かったんですよ。知り合いになったのは、学校でゼミの夏期講習というか研究会のようなものがありました。その研究会は上級生も下級生も合同で行いました。その時に付き合い出したのだと思います。それから旅行やピクニックにも行きましたね」

良一は大学に残った時に、英語だけではと思い、ドイツ語も勉強し始めた。6年間ドイツ語をやり、この頃から、留学についても考えるようになっていく。

「ドイツから来たリルツ先生という方がいて、ドイツ語も英語ぐらいしゃべれるようになった頃に、ドイツの留学試験、フンボルト留学生の制度で僕にぜひ行ってほしいと言ってくれました。僕もそのつもりでした。もともとドイツ語を勉強していたこともあり、ドイツにも憧れがありましたから。だけど、経済学を勉強するならやっぱりアメリカだったんです」

そして良一はフルブライト奨学金でハーバードへ行くことになる。新聞を見て、フルブライト奨学金の試験があることを知ったのだ。フルブライトとは、アメリカで設立された国際交換留学プログラムであり、奨学金制度である。試験を受けるつもりでいたドイツのフンボルトよりも、フルブライト奨学金の試験のほうが早かったことが一番の理由だったようだ。それで、節子にも何も言わずに勝手に受けて、合格してしまった。日本では二人が合格した。ハーバードの正規の学生の定員は30人で、留学にかかる経費は全額支給だった。

このアメリカ体験で、三木谷良一は世界と向かい合うことになった。

「生活費とか学費は、2年間用意してくれました、アメリカで大学院を卒業できるように。そして幸運だったのは、ハーバードもスタンフォードも経済学のまさに黄金時代だったことです。だから習った先生にノーベル賞受賞者が何人もいます。この海外経験が僕の世界への目を開かせてくれました」

帰国した良一は再び大学へ戻る。

「帰国してからも転々として、家なんかとても建てられませんでした。大学の先生の頃は、民間の銀行に行った大学の友人と比べると給料が半分くらいでした。よく食べてこられたなあ、と思ってます、本当に。神戸商科大学の頃は、みんな住宅がなかったから、大学の運動場の端っこに二階建てのアパートタイプの教職員住宅が20戸ほど建った。そこを僕も借りていたんです。先生と職員がいましたから。商大の大きいグラウンドと、グラウンドの端にテニスコート。家は小さいが、遊び場は広い運動場。そこで浩史は育ったんです。売店とか来ていましたね。まだ小さい頃だったからみんなに可愛がられて」

そしてもうひとつ、アメリカ時代に良一が身につけた習慣がある。物事の本質について考える習慣だ。

三木谷浩史の考え方の根底に流れている「そもそも論」は、父親の三木谷良一がアメリカで体得し、その父から受け継いだものだった。

良一の物事の本質について考える習慣とは、どのようなものだったのだろうか。その習慣を浩史はこう思い出す。

「父の話は、『人生とはなんぞや』とか『ナントカとはなんぞや』というのが多かったですね。そして僕には、問いかけが多かった。『なぜこうなるのか。なんでやと思う?』というような問いかけです。子供の頃からです。『なんで空は青いと思うか?』などの問いかけに自分なりに考えて返答するわけです。この会話がとても多かった。素朴な話で僕が覚えているのが、色彩論。『これは本当に灰色なのか。それはどうすれば証明できるのか。父さんが見ている灰色とおまえが見ている灰色が、同じ色だとどうやったらわかるのか』などですかね。もっとも、答えはなかったです。常に、答えはないんです。あとはそれこそ『ゼロとはなんぞや』とか『宮本武蔵は、なんで負けなかったと思う?』とか」

ソクラテスの話や、禅問答もあった。

「父は兵法書『孫子』や『論語』など東洋の思想にも通じていて、知恵の引き出しの多さにはただただ驚かされました。その洞察力の深さ、本質を見抜く力には敬意を抱かざるをえないですね。経済学者というよりは哲学者や思想家に近いと言えるかもしれません」

父の良一は、普通は子供にはしないような様々な話をした。浩史はたとえば、父親の友達のジェフリー・サックスという経済学者の話をよく覚えている。

彼は必ず、まずその国に行く。何のテーマもなくその国を見てまわり、現状理解につとめる。それからその国がどう進むか、どう援助すればいいのかということを考える。頭でっかちの、机上の理論だけでは駄目なんだという話を、父親は息子にしたのだ。

そしてその本質について考え抜く習慣は、浩史の血となり肉となっていく。本質的な話はいつもきちんと聞いていた浩史だったが、酒を飲んだ父からの説教は、うまくすり抜けていたようだ。

父は長男（研一）と次男（浩史）に話しているつもりでも、いつの間にか浩史の姿がない。研一だけ残り、素直に「はい、はい」と聞いていることが多かった。

それを振り返り、兄、研一は、

「浩史は要領がいいから、いつも俺だけが怒られた」

と語る。

この父の話は必要なものかどうか、それを子供の頃から浩史は見定めていたのかもしれない。

ともあれ、この父親は、学校での成績が悪かろうが、少しばかりの悪さをしようが、叱るということはなかった。その代わりに、息子に本質的な「対話」を求め続けたのである。

今、息子は楽天の経営陣にも対話の姿勢を常に求めている。日本興業銀行には「ディスカッション興銀」というのがあった。それを楽天でもやる。

「僕はまず『そもそも論』を考えるべきだと思う。どんな仕事の時でも、『そもそもこの仕事はなんのためにするのか』を考えるのです。いつもそう考える癖をつけておけば、それが仕事のアイデアに繋がっていく。改善のための仮説も自然に湧いてくる」

これは三木谷浩史の行動原則でもある。また、

「俺たちは権威主義的にやるのではなく『ディスカッション楽天』だ、と昔から経営陣には言ってます。みんなで話し合って、その中で最高の知恵を出していけばいいんだ。ただし英語だぞ、と言うことも忘れませんが」

そこでみんながガクッとなるが、三木谷浩史はもちろん本気である。

「英語でやるということは、経営陣に外国人も加わったことで、今ではだいぶスムーズにいくようになりました。その姿勢を貫くことで楽天は数倍強くなりました。世界のインターネット企業は、楽天に恐れを抱いていますよ。本当に打って出てくる。こいつらは普通じゃない、と。やっぱり『なんぞや』ですよ。国家とはなんぞや、進歩とはなんぞや、企業とはなんぞや。今どうして日本の経済がうまくいっていないかというと、この根本的な思考ができていないからだと思います。親父には、目の前の点数がいいということに対する評価はなかった。だから、成績がよかったと言って、親父に褒められたことはないです。まあ、成績はいつも悪かったんだけど」

世界の最前線でビジネスを展開する浩史が、かつて良一に聞いたことがある。

「親父に、『企業の究極的な目的というのは何だろうね』と聞いたら、『それは、人類社会の発展に対する寄与やろ』と即座に答えました。その言葉を今も僕は胸に刻んでいます」

母、節子は戦前の帰国子女だった

実は、三木谷家の目が世界に向けられたのは、良一の留学だけが契機ではない。

「うちの妻、節子はニューヨークの小学校に2年間、行ってるんですよ、戦前に。その後も家族で上海に行ったりしてました。節子の父が三菱商事に勤めていましたから」

良一と節子、二人の目が海外に向いたのは、神戸という風土が強く影響しているのではないか、と良一自身は考えていた。

港がある神戸だからこそ、自然と世界に目が向いていたのだと。

三木谷浩史の母、節子は戦前に小学校時代をニューヨークで過ごした帰国子女であり、神戸大学を卒業した後、総合商社である兼松江商に入社したキャリアウーマンの走りだった。

今度は節子側の歴史を見てみよう。

節子の父、浦島秀雄は神戸高商（神戸大の前身校）から一橋大学を出て、三菱商事で商社マンとして活躍した。一橋大学の学長を務めた中山伊知郎と同期であり、中山伊知郎は浩史の一橋大学のゼミの担当だった花輪先生の恩師という縁が続いている。

浦島家は黒江塗りという和歌山県の漆器の製造と卸をやっていたのだが、秀雄は長男で、和歌山商業から神戸高商に進み、その後、一橋大学の前身である東京商大へ進む。

大学卒業後は日本生糸に入り、やがて三菱商事に入社した。横浜からニューヨーク支店に移り、その時、娘の節子を含めた家族も一緒に行き、しばらくいる予定だったのだが日米関係が軋み始める。

「言葉はＡＢＣぐらいしか知らないで行きました。住んでたのはフォーレストヒルズと言って、クイーンズのほうです。その当時でも、地下鉄もワシントンブリッジもできていました。エンパイアステートビルは、建って5、6年。ロックフェラーセンターもあったし、あそこでアイススケートをやりました。戦前のニューヨークは、もう全然日本と違います。生活水準も違う。豊かさの質が全然違ったのです」

2年間ほど住んだニューヨークからは、戦争の始まる半年ほど前に帰国する。

「母の実家はもともと和歌山の藩士で、母の故郷だった岸和田に帰ってきました。母はアメリカの服装をそのまま持ってきて、大きな帽子をかぶってハイヒールを履いていたんです。そうすると、みんなが集まってくるんです。『アメリカ人がいたぞ』って。私も学校に行くと、『アメリカ人が来た』と言われるし、校庭で縄跳びとかしていると『アメリカ人が遊んでる』と囃したてられて。何をしても人だかりができてしまって。せっかくできた友達からは、『もうあなたとは遊べない』と言われて悲しい思いをしました。だから姉妹で、当時のみんなが着ているような服を作ってもらったり、髪の毛をきゅっと田舎風に切ってもらったんです。嫌でしたけど。でも、そうしたら今度は『アメリカ人が毛を切ってきた』って言われました。結局、何をやっても駄目でした」

浦島家は岸和田から横浜に移り、次には戦争が始まっていた上海に赴任する。

太平洋戦争中を上海で過ごした浦島秀雄は、終戦時は副支店長だった。中国で敗戦を迎えた浦島は、支店長が日本に引き揚げた後、最後のメンバーとして様々な事柄を片付けなければならない立場であった。別の副支店長は、上海で自殺した。浦島は相当に苦労したそうである。ただ節子を含めた家族は、上海から北京に移り、その後は無事に帰国している。

三木谷浩史にはいくつかの血が流れている。そのひとつが武将、本多忠勝の血。そして三木谷家は神戸の米問屋で、広く商いを営んでいた。

母方の浦島家も、武士と商人のハイブリッドである。

父方も母方も、武士と商人のハイブリッドであることは、浩史に少なからず影響を与えているようだ。

ただ血筋よりも影響を与えたのは街である。

神戸は横浜に似ていて、明治以来、外国貿易が盛んな街だった。欧米人や華僑、台湾人が大勢いるのが当たり前だった。

だからこそ、三木谷良一もその息子である浩史も、海外に出ることについて何の抵抗もなかったのだろう。

「アメリカへ行ったのは、神戸で生まれ育ったからだと思います。東京や名古屋にいたら、躊躇していたかもしれない」と父親の良一は言う。

そして息子の浩史は、

「もう一度、大航海時代に戻らないといけない。日本は再び、海洋国家を目指すべきです」

と断言するのである。

息子、浩史はわんぱく小僧だった

1973年、松が丘小学校2年生の時に父親がイェール大学の研究員に就任したため家族で渡米し、三木谷浩史はアメリカで2年間過ごした。

最初、父の良一はアメリカに一人で行くつもりだった。浩史の兄の研一が小学校4年生になっていた。その頃、灘高に行くには4年生から受験塾で勉強せねばならず、母の節子も子供たちと一緒に日本に残るつもりでいた。

だが節子は、ある朝起きたら、やっぱり一緒に行ったほうがいいのではないかと思ったのだと言う。

「私自身が小学生の時にアメリカに行って、いろいろ人生観も変わったことが大きいですね。勉強の遅れは後でも取り返せるけれど、やはりこのチャンスに行ったほうが子供たちにとって重要だと思ったのです。それを夫に言ったら、『うん、それなら行こう』って」

家族手当などの申し込みが締め切られた後だったので、全部自費になってしまった。そのため節子も渡米してからすぐに仕事に出る必要が生じてしまう。

「それでもアメリカでの教育はやっぱり必要やと思いましたからね」と良一は言う。

そして、日本とは違う世界があること、日本の価値観がすべてではないことを浩史は子供心に知ることになる。

浩史は、パインオーチャードというパブリックスクールに編入した。

浩史が初めて登校する日、良一も節子も仕事があり、どうしても学校に送っていくことができなかった。日本人学校ではなく、地元の小学校だ。渡米すら突然決まったことだったし、浩史は英語なんてまるで習っていない。ただなぜか浩史なら一人でも大丈夫だろう、という思いが父にも母にもあったようだ。そこで良一は、「ボーイズルーム（男子トイレ）はどこ?」という英語だけ教えて送り出した。

さすがに大丈夫かなと心配する両親をよそに、登校したその日に浩史はアメリカ人の友達を家に連れてきた。日本の人懐っこい少年は、アメリカでもすぐに友達を作ったのだった。

子供一人で送り出す両親も両親だが、その日のうちに友達を作り、自宅に連れてくる息子も息子である。このエピソードからも、いかに三木谷家が規格外かがわかる。

アメリカの先生の人物評価もポジティヴだったが、成績はCばかりである。

この辺りは日本と同じだ。

子供だから、英語にはすぐ慣れた。英語で苦労したという記憶が、浩史にはない。

2年をアメリカで過ごして日本に戻った時は、英語のほうが上手なくらいだった。

父親が言う。

「1年目は郊外に住んでいました。家族だったので、サマーハウスのようないいところでした。ブランフォードという海辺にある街です。大学まではちょっと離れていましたが。アメリカの大学は9月から始まりますから、8月に行きました。浩史には英語を教えてなかったのですが、いきなり向こうの小学校に入れたんです。便所の場所の聞き方だけは教えて。そうしたらその日のうちに友達を連れてうちへ帰ってきたのには、さすがにびっくりしました」

母親の節子はこう証言する。

「あんまり細かなことを気にするほうではなかったので、英語も大丈夫だったのでしょう。アメリカの生活は、けっこう楽しかったみたい」

大袈裟に言えば、日本の学校システムには収まりきらなかった三木谷浩史だったからこそ、アメリカでの生活は楽しかったのだろう。

浩史の祖母を含む家族が、良一の運転するフォルクスワーゲン・ビートルに乗り、ニューヘイブンからニューヨーク、ワシントン、フロリダまで行き、ニューオーリンズ、セントルイス、ケンタッキーにも行き、それからさらにニューメキシコまで行ったこともある。

良一が言う。

「メキシコをぐるっとまわろうと国境を越えたんです。そもそも情報不足で、アメリカ本土とはまったく違う。これは何百キロも走れんということで引き返したんです」

節子が話を引き継ぐ。

「そのままロサンゼルスのディズニーランドに行きました。それで私たちが住んでいたサンフランシスコに行って、知り合いの家に泊まって。母と長女を日本へ帰して、そこから北上して、レッドウッドシティ（カリフォルニア州）の国立公園をまわってグレイシャー（国立公園）とか、シアトル、バンクーバー、カナディアンロッキー、イエローストーン（国立公園）をまわって。ぜんぶで1ヶ月ぐらいの旅でした」

グランドキャニオンで、浩史は世界の広さに衝撃を受けた。この時の思いを浩史はずっと抱き続ける。

世界は自分が知っている小さな範囲だけではなく、途轍もなく広がっているのだ、ということを刻み込んだのだ。

2年間のアメリカ生活を終え日本に戻り、再び松が丘小学校に通うことになったのだが、アメリカ帰りということで注目された。

良一は神戸大学教授となっており、松が丘の家にはスタンフォード大やハーバード大の教授たちがよくやってくるようになった。学会に出席するために来日した彼らを、良一はよく家に招いた。三木谷家には自然とアカデミックな雰囲気が生まれていた。そういう環境で浩史は育った。

しかし、勉強嫌いは相変わらずだった。

「勉強のことは気にしないほうだから、松が丘小学校で一番下でもなんともないようでした。先生に叱られて、チョークを投げられたとか、そんな話を友人のお母さんから聞くんですが、本人は何も言いませんでした。廊下に立たされたりするのも、なんともないみたいでした。姉が同じ小学校の6年生の時、校舎の一番上の4階に教室があって、浩史は1階の仮設の教室を使ってたことがありました。浩史の教室がちょうど下に見えるんです。そうすると『おまえの弟、また立たされてるぞ』と同級生にからかわれるのが格好悪いといつも言っていました。言うことを聞かない暴れん坊でしたね。アメリカに行く前もそうでしたし、戻ってきても変わりませんでした。小学生の間じゅうずっとそうでした。学校で立たされても特にくよくよもしないし、何も気にするそぶりもない。先生にしてみたら、せっかく立たせてるのになんの効果もないわけです」

そんな浩史は、しかし皆に愛された。クラスでも人気者であった。外国帰りが珍しいせいか皆が彼に話しかけ、選挙で学級委員長に選ばれた。

家では両親を「お母さん、お父さん」と呼ばせていたのだが、彼はどこで覚えてきたのか「ママー、ママー」と言ったのだそうだ。それで、姉と兄には「ママ人形」と言われてからかわれるものの何も気にしない。大好きなママの誕生日には必ず、近所のスーパーでプレゼントを買う姿を近隣の多くの人が目撃していた。

小学校を卒業すると、中高一貫全寮制の岡山白陵中学に入学した。

父親は、「おまえは根性が曲がっているから、寮に入って叩き直してもらえ」と言った。

岡山白陵中学はスパルタで有名な私立中学で、中学なのに毎年必ず落第生が出るくらい厳しい。英語のテストで80点未満だと、マイナス5点ごとに竹刀で一発ずつ尻を叩かれる。

学校が終わっても平日は夜7時半から11時まで、寮の学習室で自習しないといけない。

「でも、生活自体はそんなにイヤだとは思わなかった。ただ、成績がねえ。最初40人中30番くらいだったのが、気がつくともう後がない。ビリから2番目だった」

煙草を覚えたのはこの中学の1年生の時のことだった。

高校2年まで先輩と同じ部屋。そうなると、なかには、悪いことを教える先輩もいたのである。毎晩、夜通しギャンブルをやったりもした。対々《トイトイ》である。カブもやった。寮の部屋で喫茶店のようなこともやり、先輩に50円ずつもらったりもした。インスタントコーヒーを出すのである。

「刑務所の囚人のような気分で寮生活を楽しみました」と今の三木谷は笑う。

大人になったいま現在、三木谷は「楽しんだ」と言う。しかし実際に多くの方に取材をし話をうかがうと、放任主義で育った浩史は、岡山白陵のスパルタ教育にまったく馴染めなかったように周囲には見えていた。

週末に実家に帰ってくるたびに表情が暗くなる浩史に、両親は心配して「大丈夫か?」と聞くが、浩史は「この学校で頑張る」と答え続けた。しかし、その辛抱も1年あまりで尽きてしまう。2年生になったある週末、突然両親に「学校をやめたい」と告げた。

人によって、もしかしたらエネルギーの総量というものが違うのかもしれない。三木谷浩史は、それが多いのだろう。常に発散していないと駄目なのだ。

結局1年あまり悩んだ後に退学した。

「ずっと考えてたんや」

そう言う浩史を両親は一切叱らず、即座に同意した。

「落第する前にやめちまおうと、2年生の夏に帰省した時、親父に言った。3分くらいで話が決まって、10分後には親父が理事長に電話して、『うちの息子、辞めるゆうてますからやめさせますわー』って明るく言ってくれました。そういうわけで、僕中学を一度中退してるんです」

と浩史は笑って振り返る。

厳しい面と大らかで優しい面と、父親は両方を備えていた。


そして浩史は地元の公立中学である朝霧中学に編入する。明石の下町の子供たちと出会い、アメリカとは別の意味で、今までとまったく違う世界があることを知る。父親は笑いながら振り返る。

「こっちに帰ってきた途端に元気になった。よかったなあと思いました」

地元の友人たちは、自宅にテニスコートがあるような岡山白陵の友人とは、まったく別の世界の住人だった。中学2年生にして、麻雀、競馬やパチンコに熱中するようになった。良一に「切腹しろ」と言われたのもこの頃のことだ。けれど、新しい世界を知ったことは、浩史にとっては大きな財産になった。

麻雀は友達とやるからいいのだが、競馬は場内に入ってやらなければならない。パチンコの景品交換にしてもそうだ。そんな時は「お父さんの代わりにやってます」という顔をしてごまかした。

「馬券は自動発売機で買うようにしてました……でも自動発売機でなくても買っていましたね、元町のウインズで。『馬』って競馬雑誌があって、よく見てました。パチンコは、半分くらい授業に出ないで通ってました。高校の時、朝1時間だけのつもりで行くと玉が出ちゃって、学校に行けなくなることもざらにあって（笑）。それから、パチンコとスロットの中間のようなタイプも好きでした。コイン入れてやるんです。縦横並ぶと、5枚とか10枚とか出てくるんです。どうやったら最初に7が出るか知ってたんですよね。タイミングを計ったら出るんだな、というようなことを」

パチンコ店が新装オープンする時は悪友を誘って隣の隣の駅まで電車に乗って行き並んだこともあった。

三木谷少年は、しかし道から外れてもまた戻ってくる。ぎりぎりな感じなのだが、必ず戻ってくるのだ。それはきっと、父が、そして母が自分の背中を見ていると感じたからだ。

三木谷良一の教育のコアにあるのは、「息子の背中を見ている」という一点であるに違いない。成績が悪かろうが自由奔放でありすぎようが、叱らない。

しかし道から外れそうになると、息子の肩を叩いてアドバイスするのだ。外れてしまった時には短刀を手渡し、切腹しろと迫る。

そして母の節子は、子供の自主性を尊重し続けた。本人がやりたいと言い出すまでは、子供の考えに任せ続けた。

それにしても中学校で麻雀、競馬、パチンコなのだから立派な悪ガキぶりである。

「確かに悪ガキだったと思います。でも一方でシリアスな喧嘩はしなかったですね。地域の空気がそうだったんでしょうね。隣の地域では、みんなで木刀を持って、殴り合いの喧嘩に行くとかやってました。20人対20人みたいなシリアスな喧嘩を。僕のところは、それに比べれば危ない地域じゃなかった。だいたい港町の中には危ないとされた地域もあるわけです。それは肌で感じて入ってはいかなかった。危ないところに行っちゃいけないみたいな嗅覚はきちんとあったと思います」

神戸というとモダンでハイソサエティなイメージが強いが、もちろん陰の部分もある。ニューヨークもパリも同じだ。成熟した都市とはそういう場所なのだ。浩史が続ける。

「そういう意味で、多様性の中の安全なところにいながら、でも優等生じゃない生活を送ることができた。日々を楽しんでいるんですが、子供なので、『ギア入れると俺はいけるぜ』と思っていたんです。『やる時にやれば俺は大丈夫』という、根拠のない自信です。でもそう思っているから、瞬間、瞬間に本気を出せたのかもしれません。テニスでベスト16に入った時も、中学受験も高校受験も、やるべき時は一生懸命やりましたよ、最後の最後でのラストスパートですが。さすがにまずいと思えば、最後はやるんです」

父親は言う。

「中学校の時に、勉強など全然せずにずっと遊んでいました。でも、なぜかすごく女の子にモテてましたね。これはちょっと危ない方向にいくかもと思って、テニスをすすめたんです。僕もやってたからね。それで大人も入っている神戸ローンテニスクラブや明石ローンテニスクラブに連れて行きました。テニスをやらせて、運動でエネルギーを発散したらいいと思って。そうしたら狙い通りに熱中しだしたんです。クラブで大人相手にテニスをするのが面白かったのでしょう。そこでも大人にものすごく可愛がられたんです。神戸学院大の事務に上手な人がいて、その人にコーチしてもらったんですね。それからだんだんのめり込んでいって、すぐに一生懸命やるようになりました。当時は、沢松和子さん、渡辺功さんというトップ・プレイヤーがいらっしゃって、その沢松さんに頼むことができて、浩史はそこへ習いに行っていました。宝塚テニスクラブです。その頃から浩史は、『自分はプロになる』と思い始めていました。それでも高校には行かなくてはいかんと話をして、受験をして明石高校に入ったんですよ。高校に入るのも大変でした。家庭教師を頼んで、もう一夜漬けのように直前に追い込みです。そういうのが、やはり得意なんです」

科目で言うと国語と歴史は、ずっと苦手だった。

「なぜ歴史を勉強しなければいけないのかよくわからなかったんです」というのが本人の弁である。

「なぜ年代を覚えなくてはいけないのかが、わからない。歴史のストーリーはいいと思うんです。でも年代は……苦手でした。覚えるのが苦手なんですよ。たぶん脳が意味のないことは覚えない構造になっているんです。いまだに自分の携帯の番号を覚えてませんから。テニスの球拾いをはじめ、自分が何か嫌だなと思ったことに対して、強く拒否感があったんでしょうね。歴史の授業中はほかのことをやっていました。『少年ジャンプ』や『少年サンデー』などの漫画を読んだり」

中学生時代の浩史を心配した良一は、浩史をテニスと出会わせた。そして、運動神経のよかった浩史はめきめきと上達し、今度はテニスに夢中になる。

1980年に兵庫県立明石高等学校に入学。勉強は国語や社会こそ嫌いだったものの、理数系の科目は好きだった。腰を据えて勉強したのは高校受験前の3ヶ月間だけだった。それでも、名門・明石高校に合格。

明石高校に入学し、入学式前からテニス部の練習に参加し、新人戦前から試合に出場した。しかし、1年生なので練習をさせてもらえずに球拾いをさせられた。

下手くそな先輩の球拾いをしても、なんにもならない。

その思いを抱いた浩史は帰宅して良一に尋ねた。

「球拾いをすることでテニスはうまくなるのか？」

良一の答えは、

「そら、うまくなることはないやろ」

当然の答えである。父の答えを聞いた浩史は決断した。自分はテニスのプロを目指しているのだ。遠回りしている暇はない。そう思った浩史は、早々に高校のテニス部を退部し、宝塚テニスクラブに通い、本格的にテニスの道に突き進む。一度決めると、浩史の行動は早い。

学校が終わるとテニスクラブに通う毎日を送るようになった。成績はジュニアで関西のベスト16まで行くようになっていた。

当時、浩史のテニスにおけるヒーローはジョン・マッケンローだった。暴れん坊とか悪童と呼ばれたプレイヤーだ。当時の世界のトップ・プレイヤーはビョルン・ボルグとジョン・マッケンロー。ボルグは優等生で、マッケンローは一種の悪役《ヒール》だった。

「一番のヒール・プレイヤーにイリ・ナスターゼという人がいました。ルーマニア出身。マッケンローの師匠みたいな人で、この人も悪童と呼ばれたんですね。ボルグがウィンブルドンで5連覇した時代です（1976－1980年）。でも僕が憧れたのはジョン・マッケンローでした。そのスタイルに憧れてテニスをやっていました。その頃、関西シングルスの大会で16位になったんです。ベスト8をかけた試合では、西宮に住んでいる川田ってやつに負けたんですが、彼ともすぐに友達になった。今は地元で歯医者をやっています。試合には負けたんですが、『おまえ、面白い子やね』と試合があった日に家に連れて帰ってきて、そのまま泊めたことがあります」

負けた相手と友達になってその日のうちに家に連れてくる。浩史にはそういう人懐っこいところがあった。

「戦った相手とはだいたい仲よくなるんです。ビジネスでもそうですね。アメリカ人も含めて」

せっかく入った明石高校でも授業は2年の途中までまともに聞いていなかった。成績は350人中320番くらいである。

「テニスのプロになるか、就職するしかないなと本気で思ってました。大学受験なんて不可能だと思い込んでいましたから」

ところが父親は浩史を医者か歯医者にしたかった。これから高齢者が増えて、医者と歯医者は食いっぱぐれがないという経済学者の見通しである。

「そこでまた親父にハメられたんです。高校2年の大会で優勝できなかったら大学へ行くと約束させられた。案の定、僕はその大会でハリキリすぎてか、足がつって優勝できなかった。親父の思うツボですよ」

浩史は、テニスをやめると宣言した。何を始めたのか？　ようやく勉強を始めたのである。

不可能に思われた大学受験に挑む

テニス三昧の日々を送っていた浩史は、高校2年生のある日、テニスをやめてこれからは勉強に打ち込むと宣言した。

父が回想する。

「高2の夏に明石のテニスの大会があって、準優勝したんです。その日、帰ってきた浩史が神妙な顔をして、『親父、話がある』と言うんです。『なんや』と言ったら、『やっぱりワールドチャンピオンになるのは難しい』と言い始めました。『プロになるのは難しいことは、初めからわかってた。わかっていたけども、そうだと僕のプライドがもたんから、そう言わないでいた。でも、これから勉強を始めます』と言うんです。宣言というか、浩史から言い出したんです。『大学に受かるまでもうラケットは握らん』とまで言いましたね。実際、本当にラケットを握ってなかったですね」

これは後に興銀を辞める時に、「俺が頭取になる頃、この銀行はないかもしれない」と考えたロジックにどこか似ている。

大学に進む決意はした。しかし、問題なのは成績であった。浩史の成績は、大学に進学するのが全体の半分という当時の明石高校で、350人中320番であった。担任からは「三木谷君は、どの大学に入れるかではなくて、大学に入れるかどうかが問題や」と言われていた。

半分は大学に行かない高校である。そして彼の成績はそこのまん中以下だったのだ。

しかし、ある教師に「今から一生懸命やれば、国公立大学でも入れる」と言われ、文字通り目に光が灯った。

良一が続けて回想する。

「高2の3学期でした。僕は今でも覚えてるけども、進学指導の先生による、どこの大学に行くかという調査があったんです。高校としては、なるべく一発で受かりそうな大学へやりたいわけですよ。そのための調査が来た時に、僕が浩史にどこに行きたいかと聞いたんです。僕は、『神戸大学はどうや』と言ったんです。神戸大学なら近くだから経済的に助かる、と言ったら、『神戸大学は親父がおるから俺は行かん』と言う。そこで『東大はどうや』と言ったら、『東大は兄貴がおるし、もうひとつや』と。『じゃあ、どこに行きたいねん』と聞いたら、『一橋に行きたい』って言いましたね。なんでかと聞いても、はっきりとその理由は言いませんでした。子供の頃から可愛がってくれた祖父の浦島秀雄さんが神戸から一橋大学に行っているので、その影響もあったのかもしれません。ただ、僕としては金が大変だなあと思いましたよ。その頃、浩史の姉兄は、徳島大の医学部と東大に行ってたから、お金がなかったんです。学費三人分を3、4年。よく暮らせましたよ。今でも覚えてるのは、月給が32万。それで10万ずつ仕送りしたら、もうないでしょう。妻が英語の塾をして助けてくれました。僕も、経済団体などで経済学の講義をしたり、銀行の調査部で顧問のようなことをやったりして、それでどうにか3年間やりくりしました」

明石高校2年の時に担任だった数学の先生はこう言う。

「三木谷君が勉強に向かおうとする頃、明石市の高等学校全体が明石市内の他の学校と競争になったんです。総合選抜という制度を取り入れ、各高校が平均的になるように学生を配分した結果、各校の個性がなくなってきたことも、その理由のひとつでした。名門だった明石高校も頑張らないといけないという流れがあり、私が受け持っていた学年の数学や英語をグレード別のクラス編成にしようとしたのです。同じ時間帯で学力の高い子はA、低い子はB、というクラス分けです。ただし、あくまでもクラスは本人の希望。その時に三木谷君は数学でBクラスを希望してきました。その時は私も特別に何も思わなくて、希望用紙を回収したのですが、しばらくして、お父さんとお母さんが学校にいらっしゃいました」

放任主義を貫いた両親が動いた瞬間である。

「ぜひこのことに関してお話ししたいということで、それで私と学年主任と二人でお会いしました。話をお聞きすると、数学の成績は今は悪いんだけど、Bに入ってしまうとBに馴染んでしまう、と。やはりレベルの高いところに入って頑張ることが必要ではないかという趣旨のお話をされました。私は本人の希望であれば構いませんから、浩史君本人も交えて話をしましょうということにしたんです」

どこの学校にも、ビリのほうで入学しても、最後卒業する時にトップクラスになる生徒がいる。閃くものがあったので、先生は言った。

「三木谷君は学年のまん中くらいだったと思うんですね。私はご両親のお話を聞いて、『ああ、そうですね』と答えました」

父親の良一は、もっとはっきり息子の成績を覚えている。

「高2まで全然勉強せずに、350人中320番でした。いや、本当に」

先生は父親に言った。

「卒業する時には今の成績からでもトップくらいになって国公立に行くかもしれませんね、と話をしました。実際にそのような経緯で国公立大学に行く子もいますから」

その話し合いの際、高校2年の浩史少年はずっと下を向いて大人の話を聞いていたが、先生から「国公立に行く子もいますから」という話が出た時に、顔を上げた。

「顔を上げて、じーっと見たのがすごく印象に残っています。とても真剣な表情でしたから、今でも忘れられません。浩史君が最初に行った中学は岡山白陵でしょう。私学としてできてさほど時間がたってない頃でしたね。そういう時の私学というのは勉強を強制して、テスト漬けにする。学校のレベルを上げるために強制的に勉強をやらせるというのは、ありがちなことなんです。当然、私学も競争ですので、市場原理が入ってくるからです。教育に市場原理を入れると、同じようなことになると思います。強制的に勉強させようと、毎週テストをしたりする。でも、それに合わない子もいます。三木谷君には合わなかったでしょうね。それを見極める教育も必要なのです」

先生の言葉に勇気づけられたかのように、浩史は夏休み明けから家で4、5時間勉強し始めた。すると、成績は次第に上がっていった。

「3年生になった頃にはかなり成績が上がっていました。あの頃は今のセンター試験である共通一次が1000点満点だったのですが、それを受ければ800点を超えるレベルまで上昇していました。神戸大学を受けることのできるレベルです。飛躍的な向上でしたが、僕としてはそんなに驚かなかった。たぶんそれぐらいになると思っていましたから。僕は阪大か京大レベルぐらいまで行くだろうと思ってましたから」

と先生は語る。

浩史少年には、東大に行ったお兄さんや徳島大学の医学部に行ったお姉さんへのコンプレックスがあったのではないかと先生は密かに思っていた。

「自分は駄目だと、どこか諦めてたところがあったのかもしれないですね。ただあの時、『あ、やればできんのか』って気がついたようでした。それは、やはりお父さんとお母さんが立派だったからでしょう。彼は気が強いけど、素直な部分がありました。何か成し遂げようとする時は客観性が必要ではないでしょうか。素直だったからこそ、客観性を持てたのではないでしょうか」

高2から勉強し始めた三木谷浩史は、一浪して一橋大学に合格した。

「一橋大学というのは、神戸の高校生はあまり受験しないのです。僕も三木谷君の希望を聞いてから、入試問題集を調べて、試験のレベルを知ったくらいです。かなり難しいんですよ。数学の問題の難しさを見て、数研の『スタンダード』というのをやらなければならないとアドバイスしました。通常トップ校の理系で使う問題集ですね。これができないと合格は難しいぞ、と。そこから彼は一生懸命に取り組み始めました。その問題集は、『A問題』『B問題』と見開きで分かれてて。彼はA問題はできるんですけど、B問題がなかなか解けない。そのB問題のレベルが一橋大学のレベルだったのです。三木谷君本人も、『もうちょい簡単だったらできるんですけどね』と言ってました。それでも、コツコツ、コツコツやったってことですね。僕は、ほかの教科は知らないんですよ。一橋にしたのも、要は文系でも数学で受けられるからだと本人は言ってました。東大などを受けると、歴史などの教科も勉強しなければならない。それを客観的に分析すると僕は間に合わない、とも言っていました。現役では落ちたけど、1年たって合格したと電話で報告してもらいました。最終的には、明石高校で言えば10番内に入るレベルになっていましたね」

三木谷浩史と高校の恩師との交流はその後も途切れずに続いた。浩史は日本興業銀行に就職した時にも、恩師に電話で報告している。

「電話をもらって、よかったなあと思いましたね。僕自身は、日本興業銀行について知ってることはほとんどなく、とにかくあの銀行に行ったら会社の重役になれるということだけでしたけど（笑）。そういうイメージしかなかったのです。その後は、楽天を起業した何年目かに、明石高校の同窓会を担当してる先生からお電話いただいて、『三木谷さんが楽天を起こしたのでインタビューして、同窓会誌に載せたんだけど、そしたら君の話が出てきたんで、高校時代の話をちょっと書いてもらえませんか』と言われたのです。そこで初めて知りました。えっ、起業って何してるんやろうと。震災を契機に起業しようとしたんだから、やはり自分の人生をありのままに、素のままに生きようとしているのかなと思いました。利益じゃなく、自分がやりたいこと、ありのままの自分を生きるということですね。日本の社会は儒教的で、『こうしなければならない』といった枠が多い。そういう中で、ありのままに生きるというのはすごく勇気があると思いました。そこでも大学受験の時と同じで、客観的に自分で判断したのでしょう。7、8年前に一回東京に行く機会があったので、その時に連絡をとって楽天本社で会いました。高校の時と変わってないなあという印象でした。自分の好きなことをやってるんだろうという感じがしましたね」

自分の好きなことをやっている。

そのままに生きている。

ありのままに生きている。

それが恩師が感じた、楽天の三木谷浩史であった。

「ただ、やはりお父さんとお母さんが立派だと思います。親だったら、こうしなさい、ああしなさいと言いたくなるのに、それを言わなかったんでしょうね。適切な時に適切なアドバイスはするけれども、強制はしていないんだと思います。だからといって、本当に放置しているわけではない。必ず見ておられましたね。『最後になって伸びていく子もいるよ、国公立ぐらいは行ける』と言ったのは、本当にそう思ったからです。ハッパをかけようとしたわけではなく、やはり目標を見つけるきっかけは必要だと思ったからで、成績が悪い子にも言いますよ。三木谷君だけに言ったわけではなく。ただ言われた後にどのような行動を取るかは本人次第。三木谷君は起業してからも同じことをやってるんでしょうね。目標をきちんと作って進むという」

浩史にとって幸運だったのは、やはり父親と母親が寛容だったことだろう。

「寛容……っていうか、諦め……。諦めていた感じもありますけれどもね」と浩史は照れたように言う。

父親の良一は、決して諦めていたわけではない。その証拠のように、こうして詳細に回想する。

「一橋大学には商学部と経済学部とあって、難易度が毎年交代するんです。今年、商学部のほうが簡単だったら、来年みんなが商学部を受けるでしょう。すると翌年は商学部が難しくなるわけです。シーソーゲームです。浩史が現役で一回目を受けた時には、商学部のほうが簡単な年だった。予想ではね。それでちょっと口滑らして『今年は、商学部が簡単みたいだなあ』って言うたら、『俺は日本経済全体のマクロ経済の勉強をしたいから、経済学部を受ける』と言って経済学部を受けたんですよ。そしたら、わずかな差で不合格でした。もし商学部を受けてたら、試験問題は一緒ですから、受かっていたんです。『もし商学部やったら合格してたのになあ』と言ったら、『ああ、それはしょうがないわ』と淡々と言って予備校に通っていました。その翌年、『今年は、おまえの念願の経済学部が簡単だな』と言ったら『そやけど、親父。俺は金融やることにしたから、商学部を受ける』と言って、それで商学部を受験したんですね」

この辺りの思い出のニュアンスが、息子と父親とは少し違う。息子はこう思い出す。

「理数系の科目はきちんと答えが出るから、やっているうちに勉強って面白いなあ、と思えるようになっていました。成績も2ヶ月で10番以内に入るようになり、最後には1、2番になった。僕は短期集中型なんですよ。でも『親父がすすめる医者はなあ、何となく暗いなあ』と思い始めて。祖父が一橋大から三菱商事へ進んだ人だったこともあり、世界を駆けめぐる商社マンもいいと思い始めていたのです。医者か、歯医者か、商社マン。結局、一橋を受けて最初の年は落ちました。『気合が足りんのじゃあ！』と親父にどつかれましたね」

父親は子供たちが小さい頃、都内の大学を見に連れて行ったことがあるのだそうだ。

「アメリカから帰ってきてしばらくした頃、東京にみんなで行こうということになり、三人とも連れて大学めぐりをしたんです。お茶の水に泊まって、東大、一橋、そして私学もいくつか。アメリカでも多くの大学に行きました。ハーバードも、コロンビアもスタンフォードも、旅行した時に。大学は意識的に見せようと思っていました。アメリカ人の家は皆そうですね。高校生になると、夏にお父さんが、キャンパスを見に連れて行く。大学サイドもキャンパスツアーをやってるんですよ。一橋大学に行った時に、図書館に行きました。その頃は卒業論文が全部図書館に収めてあったんですよ。それで、浦島秀雄で検索してみろ、と子供たちに言って。浩史たちのおじいさんですね。『あっ、あった』と言って二人とも喜んでいました。そんな経験も浩史が一橋を選んだことに、無意識下で影響しているのかもしれませんね」

旅行のついでのように大学を巡る。その思い出を浩史はこう語る。

「その旅行自体が、親父が仕組んだのではないかと思うこともあります。憧れるようなキャンパスを子供に見せることによって自然に憧れるように持っていく……僕自身、まんまとその策略に乗ってしまった気もしますね」

言葉で伝えるのではなく自然に心に留めさせる。このように深い愛情を持った教育もあるのだ。

一橋大学テニス部の鬼主将になる

1年浪人して一橋大学に合格すると、浩史は体育会のテニス部に入った。その結果、テニスに明け暮れる日々が始まり、勉強はまたもやおろそかになる――。

一橋大学では1、2年の頃は学部に関係なくクラス編成が行われる。三木谷浩史は商学部だったが、一浪して経済学部に入学した高橋学という友人ができた。

その高橋学が言う。

「教室に最初に入った時に、お互い目立つわけでもなく、あまり接点もなさそうな雰囲気でしたが、なぜか目が合って。互いに自己紹介をした後に、大学で何をするのかという話になり、テニスの話題になりました。同好会にするのか聞いたところ、三木谷は『テニスをするならやはり体育会だろう』と言い、なぜか僕も一緒に見学に行く流れになったのです」

三木谷に誘われ、高橋もテニス部への入部を決める。

大学内の教室に各部が陣取って勧誘が行われていた。そこに二人が行くと、先輩たちはなぜか皆、坊主頭であった。一橋のテニス部は皆、坊主頭なのか？　高橋学がこう説明してくれた。

「常に365日坊主ではありません。ただ、なんらかのマイナスの出来事があったり、あるいは何か失敗をしたりすると即、坊主。公式の試合に遅刻したらその人は坊主。坊主好きなんですよ、古い感じですよね。そういう部でした。僕たちが入部した4月初旬は、ちょうど1年間で一番大事なリーグ戦の試合があり、その最中でした。そのリーグ戦で、我々の先輩たちはシングルス6本、ダブルス3本あって、9本すべてで負けたそうです。これはこてんぱんな負けなわけです。つまり一試合も勝てなかった。一人も勝てなかった。そのためテニス部、全員坊主。たまたま先輩たちは、その坊主になった直後に勧誘していたので、全員坊主でした。でも僕たちは大学に入ったばかりで、浪人していた1年からの解放感もあって、浮き浮きしてるわけです。どんな楽しい学生生活があるのか、と。どんな女の子がいるのかとか。ところがみんな坊主で、三木谷も『なんじゃこりゃ』みたいなことを言ってましたけどね」

そして入部した後、二人もしばしば坊主になることになる。

「三木谷もしょっちゅう坊主ですよ。自主的に坊主にしたことも彼の場合はありますしね。主将になった時に気合を示すためとか。彼が主将になった時は、一橋テニス部が3部から4部にリーグ落ちした時でした。それを立て直す役割を担って三木谷は主将になったのです。もちろん、リーグ落ちしたことで全員が坊主でした」

三木谷は多少のブランクはあったものの、やはりテニスには秀でていて、1年の時から試合に出ていた。関東学生連盟の場合、関東学生選抜テニストーナメント大会で、30人ぐらいのトーナメントのブロックで優勝すると関東学生選抜の資格がもらえる。そのメンバーは全日本に出場することができる。三木谷浩史はその関東学生選抜に一回なっている。

三木谷浩史が主将になって最初のスピーチを、高橋学はよく覚えている。リーグ落ちしたテニス部を元に戻すというのが三木谷の使命だったのである。

「落ちた日、その日負けた瞬間に主将交代なわけです。その場面で彼は泣きながら、『絶対来年上がるんだ、そのためにやるんだ』と言いました。『そのために俺は鬼になる』と明確にみんなに言いました。それは記憶にはっきり残ってます」

1年間で3部に昇格することを誓った三木谷は、従来は午後だけだった練習を、朝から始めることに変更。この練習にはどんなことがあっても出席しなければならない。授業時間以外は、すべて練習にあてるという、猛烈な練習方針を立てた。またテニス以外は徹底的に排除し、女性との交際すら禁止したほどだった。その徹底ぶりに、部員たちの反発を受けることはあったが、テニス部を統率した1年間が、浩史のリーダーシップを開花させることになる。

三木谷自身はこう言う。

「同好会化したムードが嫌だったんです。2年の時に関東学生テニスリーグの3部から落ちたんですが、その結果をみんなが『しかたないよ』といったムードで受け止めていた。それでプチッと切れた。体育会でスポーツしているのは、真剣に勝負して何かを得るためではないのか、と。遊びなら同好会でやればいい。それで、僕がキャプテンになってから、練習量をそれまでの倍に増やした。朝の8時半から夕方6時半までというのを半年間続けました。科学的な根拠なんかありませんよ。でもムードを変えたかった。もちろんそれを言い出した手前、僕に一番プレッシャーがかかっていたと思います」

一橋大学では2年生から3年生に進級する際に落第があった。ただ、いきなり落第させるのは可哀相という配慮から、本当は進級させてはならない学生を、「仮に上げてあげるから、残った科目を1年間かけてやりなさい」という制度があった。これを仮進学と言った。

「三木谷も僕も仮進学なんです。しかも、僕は一番恥ずかしい英語仮進学です。彼はドイツ語仮進学。僕たちは2年間、前期課程を小平校舎でやり、後期課程の国立校舎とを行ったり来たりしなければならなかったわけです。三木谷の成績は僕と同じで良くなかった。勉強を全然しなかったんでしょうね。三木谷は本当に不器用ですから。ただ花輪俊哉先生のゼミに入ってからは、ゼミの勉強だけはきちんとやってたと思いますよ」

高橋学によれば、学生時代の三木谷浩史は、あまり多くのことを同時にできるタイプではなかったのだそうだ。テニスをやっていたらテニスに集中してしまうのだ。

「むしろそれに集中するために、ほかのものをとりあえず置いておくというほうが正しいかもしれません。ほかのことをバサバサ切れる男でした。切るだけではなく、周りに任せるのもうまかったですね。三木谷は主将としてチームを引っ張らなきゃいけないわけです。リーダーシップを求められますよね。そこをガンガンやっていくので、様々な支障が出てくるわけですよ。たとえば、やめたい者が出たり、ついていけないと言う者が出たり、女の子たちから気がきかないと言われたり。そういうことの処理を僕たち周りに、上手にやらせる。人に任せることは学生時代からうまかったですね。『俺はあれできないからやっといてくれ』と言いながら人に任せるのがうまかったですよ」

テニス部には、役職がいくつかあった。マネージャーにも2種類あった。ひとつは内マネと呼ばれていて、内側のマネージメントを行う。これは関東学生連盟などと交渉したりする実務派のマネージャーである。高橋学は外マネと言って、OB担当のマネージャーだった。OBと折衝したり、OB会議のために連絡をとったりするのが仕事である。

「主将がいて、外マネ、内マネがいる。助さん格さんじゃないけど、僕たちは主将を支える立場だったんです。なので僕は様々な人の声を聞いて、それを三木谷と二人の時に相談していました。『実はあいつがこういうことを言ってるけど、これまずいんじゃねえか』とか『こうやったほうがいいんじゃないか』という話をよくしました。三木谷は相当こわかったので、直接言いにくい後輩も多かったかもしれないですね。そのこわさは代々伝わっているようで、『ガンガン物が飛んできてた』という伝説になってると聞いたことがあります。そんなことありませんでしたよ。確かに灰皿ぐらいは飛んでましたけど。それでも、やはり慕われてたし、好かれてたし、尊敬もされていました。なにしろテニスが強かったですからね」

それで昇格していれば青春ドラマのようなのだが、残念ながら昇格できなかった。

昇格はできなかったものの、その1年を振り返って三木谷は言う。

「結局、あと一歩のところでリーグ昇格はできなかったんですが、すごく充実感はありました。やめた人間も多かったけど、入ってくる者も意外にいて。あの1年は僕自身も大きく成長させてくれた1年だと思います」

高橋学が残念そうな顔をしてこう説明してくれた。

「入れ替え戦では、ダブルスもシングルスも三木谷は勝ってるんです。しかもシングルスはすごいですよ。5・7、7・6、7・6です。最初は負けてて逆転勝ち。フルセットを戦って、ハイグレードで勝ってる。意地ですね、これは。結局、試合は三木谷しか勝ってないんですよ。それではもちろん昇格はできませんでしたが、あの1年があったから、その後もテニス部が続いていったし、部としてはゆるゆるだった雰囲気を非常に大きく変えた1年だったんだと思うんです」

もちろん、鬼主将ではあったが、テニスを離れれば硬い面だけではなかった。こんなエピソードがある。

ある夜、国立市のアパートに戻ってくると、アパートの前に女性の乗った車が駐まっていた。後ろめたいことがあった浩史は「マズイ」と思い友達の下宿を泊まり歩き、あげくの果てに3年生になってからは、そのほうが安全だろうと学生寮に引っ越したのだという説もある。

「1年、2年の頃はけっこうチャラチャラと、言えないことが多くあるほど遊んでました。彼は実家が神戸なので、国立でアパート生活をしてたんですが、当時でも珍しいことに車を持ってましたからね。それで遊びに行くことが多かったと思いますよ」

三木谷浩史の多くの面を見てきた高橋学は、それでも基本的に三木谷浩史は生真面目なのだと言う。

「あいつ、結婚式で倒れたんですよ、緊張で。倒れかけたかな、正しく言うと。式の最後に新郎新婦がお父様、お母様にってあるじゃないですか、入口の屏風のところに立って。その時に、向こうのお父さんのご挨拶を聞いてる際に、緊張のあまりに脂汗を垂らして、倒れかけたんです。そういう面もあるんです。テニス部の主将の時も、怖いキャプテンを演じてたんですよ、きっと。根っからの暴君ではない。あいつが最初に会社を始めた時もそうでした。クリムゾンという会社を最初にやった頃に、広尾のオフィスに僕が行った時のことです。まだパソコンが入ったばかりで、オフィスが広々としていたことは覚えています。その時は、弱気で泣きそうな声を出してました。飯を食いに行っても、『大丈夫かな、やっていけるんだろうか』という言葉を吐いていて。少なくとも自信満々ではありませんでした。それもたぶん彼の本質なんだろうと思います。とても優しいところがあるんです」

小学生の頃、近所の店にママの誕生日プレゼントを買いに行った浩史少年を思い出させるエピソードである。

一橋テニス部時代を、父親の三木谷良一はどう見ていたのだろうか。

大学に行くのを忘れないように、三木谷浩史は校門のすぐそばに下宿させられていた。校門の横の下宿だ。最初は、テニスサークルに入ろうとしたのだが、浩史が安易な学生生活に流されることを心配した良一はこれに反対し、「中古車を買ってやる」という条件で体育会のテニス部に入部するよう誘導したのである。息子の性格を知り尽くした父の狙い通りだった。

良一は言う。

「一橋に行って、テニスを再開する。だが、俺はもう部には入らないと言うのです。サークルでやるとか言うので、これもまた遊びよるなと思ったのです。これは危ないなと。反対すると、アルバイトをしないといけないと言うので、『いや、アルバイトしなくてもいいように、テニス部へ入ったら、こちらもしんどいけど、その分だけ仕送りを増やす』と言ったのです。体育会でテニスをやってくれたら健全ですからね。だからやってほしいと思って。それでテニスに打ち込むようになったんです。で、3年生の時キャプテンをやった。ああいう性格だから、キャプテンになったら猪突猛進だったでしょう。東大と一橋は宿敵やったんですね。一度、僕は東大戦の時に応援に行きましたよ。東大のテニス部の顧問が、僕が親しかった小宮隆太郎先生だった縁もあったので」

父親と親友の話を有機的に繋げてみると、当時の三木谷浩史が立体的に見えてくる。

3年生までは、テニスと遊びに明け暮れ、ぎりぎりで進級するという、典型的な駄目大学生だった。成績は50人中39番であった。

2章　三木谷浩史が選び取ってきた道

日本興業銀行へ

卒業したのはバブル絶頂期である。三木谷浩史は父親の紹介で住友銀行の重役に会い、内定をもらうことができた。その後、日本興業銀行の人事担当者にも会うことになった。

ところでその前に、三木谷は経済学者になりたいと思っていた節がある。一橋大学では、花輪俊哉ゼミに所属していたことも、それに起因しているのだろうか。花輪教授は密かに、経済学者としての三木谷良一の後を継ぐのは浩史だと考えていたのかもしれない。

良一によると、こんな経緯であった。

「就職先を考えなくてはならなくなった時に、浩史が花輪俊哉先生から『卒論がええから、三木谷君、大学に残る気はないか』と言われたって言い出したんです。めっそうもないことです。びっくりして、花輪君に『あんた、本気で言うたんか』と電話して聞いたくらいです」

節子も、「あの成績でねえ」と笑う。

良一が続ける。

「就職活動の時、三菱商事と住友銀行に内定をもらっていたと思います。まだ浩史がどちらにするか迷っている頃に、興銀の調査部にいた馬淵さんとお会いすることがありました。その人は慶應で教えてて、僕は金融学会で親しくしていたんです。その時に馬淵さんと、『おたくの息子さん、どこに行くねん』という話になりました。そこで内定をもらっていた2社のことを話したら、『それだったら興銀のほうが絶対ええから』と言ってくれたのです。そこで、浩史にそう伝えた。そうしたら『まあ、親父がそない言うのやったら』、親父の顔もあるし』と言って。その会話が面接の最終日だったんです。で、面接に行った。常務をはじめ、決定権のある人が面接官をしていて、その面接で即決してくれたそうです。僕は、結局、興銀に行ってよかったと思いますけどね」

浩史自身は笑いながら、こう言う。

「親父が銀行を勧めたのは、金を扱うところなら絶対潰れない、ということでした。僕もなるほどと思ったけど、それが間違いだってことは、今ようやくわかりました」

興銀の人には会う前から、住友銀行に内定していることは言ってあったのだが、改めてことわると、その人が「内定は両方もらっておけばいいじゃないか。10月1日の解禁日に決めればいい」と答えた。

当時の就職活動は、バブル景気の頃でもあり、大学生は多い者で内定を20社以上もらう強者もいた。それでも１社に絞り、会社訪問解禁日である10月１日には、学生は就職先として決めていた会社に行き、企業側は他の企業に行かさないように１日中、学生を拘束するのが普通であった。

つまり企業側は入社させる学生の数を確保するために必死であり、10月１日を過ぎた後で人員を欠くと人事担当者の面目が潰れるとされていたのだ。

10月１日以降に内定を断る行為は許されないとされていた時代のことだ。面白いことを言う人がいるなあ、と浩史は思った。それまでは興銀というとオヤジ的なイメージがあり魅力を感じなかったのだが、その人一人の印象で、懐の深さを感じたのである。最後はその印象で興銀に決めた。

「もちろん住友銀行の人事部には謝りに行きました。『気持ちが変わったのか！』と聞かれ、素直に『はい、変わりました』と答え、それで許してもらいました。今、三井住友銀行さんは楽天のメインバンクのひとつなんです。あの時は申し訳ないことをしました」

興銀に入行した三木谷は、半年の研修の後、本店外国為替部の送金セクションに配属された。経営や営業の最前線に関わる部署ではなく事務方だった。さぞかしがっかりしたのではないかと聞いてみると、

「事務というのは、オプション決済の仕組みをどうするかとか、お金のやり取りと契約関係の整理とか、そういうスキームを考える仕事です。別にくさったりはしませんでした。僕はどこに行ってもハッピーにやれるタイプなんです。僕は仕事熱心だったし、何事にも熱い。何よりフットワークが軽かったので、行内の評判はわりとよかった。そんなこともあって、ハーバードビジネススクールへの社費留学生候補にも推してもらえた。同期の40〜50人が留学生を決める試験を受けて、その中で僕一人だけ留学できることに決まりました。海外留学には、もともと行きたかったんです」

三木谷はいかにも簡単だったかのように語る。しかし、当然ながら実際はそうではない。圧倒的な結果があったからこその海外留学だったようだ。

父の良一の友人である経済学者たちが、神戸の実家にやってくることがよくあった。しかも、ハーバード大学の教授であるジェフリー・サックスやベンジャミン・フリードマンといった世界的な経済学者たちである。みんなですき焼きなどをつつきながらビジネスの話をする。それが面白かった。

同時に浩史は世界を駆けめぐる商社マンにも憧れていて、国際的なビジネスに興味があった。

海外に意識を向けていたのは、ごく自然のことだったに違いない。

学生時代から、いつか海外留学に行くことを夢見て一人コツコツと英語習得の勉強を続けていた浩史の夢が叶ったのである。

三木谷の海外留学実現について当時のことを聞くため、三木谷の興銀時代の2年後輩である、鈴木淳という人物を訪ねた。彼は東京大学経済学部卒業後、１９９０年に興銀に入っている。

その後アメリカ・デューク大学に留学してＭＢＡ取得。帰国して興銀の産業調査部にて各種産業に関わる調査・研究に携わった後、企業投資情報部にて国内外Ｍ＆Ａアドバイザリー業務等の投資銀行業務に従事した。

興銀を辞め、いくつかの企業で重職を歴任した後、ファーストリテイリングの事業開発部担当部長として同社の海外Ｍ＆Ａ戦略実行チームの中核を担う。しかし自らが望む本質的な仕事は社会の礎となる教育なのだと気がつき、２０１０年に学校運営機構株式会社を設立し、代表取締役社長に就任した。２０１３年には千葉県鴨川市の文理開成高校を買収し、理事長に就任した。

アメリカの大学に留学してＭＢＡを取得したり、ベンチャーの世界に飛び込んだりと三木谷浩史と近い経歴の持ち主で、さすがに興銀時代の三木谷をよく知っている。

「三木谷さんの奥様の（旧姓：下山）晴子さんは、三木谷さんの後輩で、平成元年興銀入社です。奥様は平成元年入行のマドンナ、みんなの憧れでした。僕の同期もみんな晴子さんを狙っていたのですが、三木谷さんがいつの間にかゲットしていた（笑）」

当時を思い出しながら、鈴木淳はフランクに語る。

「三木谷さんは、ハーバードへ留学する前は外国為替部でした。興銀というところは、目立つ人がごろごろいる銀行でしたので、後輩から見ると、そんなに飛び抜けているという感じでは必ずしもなかった。それなのに、興銀の同期一番で留学候補生になる。その上、留学先がハーバード。留学先も優秀な順番に選ぶことができるのですから、要するにトップだったわけです。これは本当にすごいことです。それを聞いた僕は、『三木谷さんってそんなにやる人だったんだ』と思いました。その上、アメリカへ行くにあたり、下山晴子さんと結婚する、と。これが決定打でした。あのマドンナの晴子さんと結婚するのか、三木谷さんってすごい人なんだ、と思ったことを思い出します」

外国為替部というのは当時の興銀で目立つ部署ではなかった。花形部署は歴代の頭取を出してきた営業三部である。営業三部が担当するのは石油化学だった。興銀がメインバンクとしてずっと日本の石油化学を支え、この部署の部長をやり、頭取になっていくというのがひとつの流れとしてあったのだという。第4代頭取の池浦喜三郎、第5代頭取中村金夫も営業三部長を経験して、頭取になったのである。鈴木淳が配属されたのもこの営業三部。三木谷浩史はいわば傍流だった。

「外国為替部に配属になり、同期一番で留学を決められたのは、後にも先にも三木谷さんだけだと思います。それはやはり、外国為替部で三木谷さんがやった、仕事の構造改革が途轍もなく評価されたのだと思います。簡単に言うと、業務のリフォーム、リストラクチュアリングです。それまでのやり方を改めて、まったく違う発想で業務をもう一回組み立て直すということを実行し、それが上層部に認められた。事務方から短期間で留学というのは、他に例がなかったと思います。興銀というところは、日本中の優秀な者の中でも最優秀の上ばかりが集まっているような銀行でした。それは異常なほどで、打てば響く連中ばかり。1つ言うと3つ返ってくるのが当たり前。興銀では『これ、やっておいて』と言うと、期待以上のものが出てくるのが基本的には普通。そういった集団でした。その集団の中で、常識を覆して抜け出たのですから、三木谷さんはやはりすごいです」

三木谷浩史が１９８８年に入行した時、同期は１１０人程度だった。バブルの終わりかけのこの時期、毎年採用人数が増え、89年が１３０人、鈴木淳たちの90年組が１６０人、91年がピークで１９０人であった。

そのうち4割近くが東大卒である。留学をしたい者は山ほどいる。その中で最初に、しかもハーバードへ行った三木谷浩史は、やはり抜きん出た存在だったと言わざるを得ないだろう。

ちなみに鈴木淳も三木谷浩史の2年後に留学させてもらえることになった。同期の中では最速、留学第1号であった。

ハーバードビジネススクールへの留学が決まった三木谷浩史は、かくして91年に結婚して、妻の晴子と一緒に渡米する。晴子は、元林野庁青森営林局長の下山裕司の娘で、東京都立小石川高等学校を経て、86年上智大学文学部英文学科を卒業し日本興業銀行に入行した。三木谷とは興銀のテニス部で知り合い、結婚。三木谷に同行して渡米し、晴子も93年ボストン大学大学院修士課程を修了した。楽天創業以来、経理や広報など幅広く担当し、２００１年2月の退社まで楽天の初期の成長を支えた。

浩史が通ったハーバードビジネススクールの授業は独特で、テキストを一切使わない。すべてケーススタディで、ある事案について分析し、アクションプランを立て、実行する――そのプロセスを自分で考えて発表し、討論するのである。

しかも毎日3件の異なる事案を渡される。

「資料は合わせて『アントレ』1冊分はあると思います。それを午後から読み始めて、真夜中までかかって自分なりに仮説を立て、実行、検証する。それを翌日みんなの前で発表する。問われるのは論理構成の確かさです。他人の発表の時も、発言しないと落とされます。なにしろ完全な相対評価で毎回必ず10％は不可がつく。不可が通年で3分の1以上つけば落第ですから、クラスルーム内のコンペティションもキツイ。すべてビジネスマンとして問題に直面した時の、反射神経を鍛えるための授業でした」

勉強はかなり厳しく、時間が足りない日々がずっと続いたが、楽しい留学生活でもあった。友人もたくさんできた。そこでわかったのは、日本と違いアメリカでは優秀な人間ほど自分で起業したり、見どころのある小さな会社に入ったりするということであった。

「現に同じクラスのジョン・キムというすごい切れ者の学生は、もう自分の会社を経営してました。対してナンバー2クラスの者が『I'm not a small company guy.』と言って大企業に勤める。ここで僕の人生観も、変わりましたね」

2年目になると勉強も少しだけだが楽になり、夏休みには妻と二人で車にキャンプ用品一式を積み込み、アメリカ1周の旅に出ることができた。子供の頃、父の良一が運転するワーゲンで家族そろってアメリカを回った思い出があり、自らも妻と一緒にぜひとも行いたいと思っていた。40日間で30万円しか使わない旅だ。

「アメリカの大きさを体感できたいい旅でした。日本ではバブルが崩壊して、興銀もある料亭の女将への過剰融資でケチがつき始めていたようですが、アメリカにいた僕には実感はなかったです」

興銀入行は、優等生として高校生活を送り一橋大学に入った人にとっては大きな成功に違いない。小学校の頃の通信簿がオール5の人にとっては、それは間違いなく成功なのだ。普通の人には、興銀のキャリアは捨てがたい。

だが幸か不幸か、三木谷は落ちこぼれであった。

三木谷浩史がなぜ一度キャリアを捨てることができたのか？　それは簡単に言うと、子供の頃の成績や評価が悪かったからではないか。

俺が頭取になる頃、この銀行はない

三木谷浩史は93年5月にハーバードビジネススクールでMBAを取得し、帰国する。新たな所属先は本店・企業金融開発部になり、M&Aを担当することになった。

当時、M&Aはまったくの下火で、興銀でも「案件なし」の状況が続いていた。にもかかわらず、メディア関連担当の三木谷と、その上司の二人だけは稼ぎまくっていた。彼らのクライアントにはソフトバンクの孫正義、パソナの南部靖之、カルチュア・コンビニエンス・クラブの増田宗昭など、日本を代表する起業家の面々が名を連ねていたのである。

現在、日本のネット企業の中で、メインプレイヤーとして世界の最前線で戦っているソフトバンクと楽天。この時点で三木谷浩史と孫正義が出会っているのは、興味深い事実である。

「ソフトバンクが、コムデックスやジフデービスの買収を手がけたのはこの時期ですね。孫さんは、今でこそ日本のベンチャーの旗手として有名ですが、当時はソフトバンクの株式公開直後で、実のところ僕もよく知らなかった。しかし、孫さんをはじめとする起業家たちのビジネスは、すごくダイナミックでした。自分の金をつぎ込むリスクをも辞さないわけです。何としてでもやり遂げてみせるという迫力があった。僕はというと、すでに独立の決意はしていましたが、それには興銀に留学の借りを返さなければと考えて、働き続けていました」

実は、この興銀での銀行員時代、三木谷は『この銀行は10年後にはないな』と思っていた。

三木谷の逸話として、「俺が頭取になる頃、この銀行はない」と言ったという話が有名だ。彼が先を読み切っていたことは確かである。

理由は、社員の目が生き生きしていなかったからである。戦う意志のない集団に見えた。これでは荒波は越えられない。

「とはいえ僕も、ハーバード大に行くまでは銀行員以外の人生なんて考えられなかった。信仰をしているような状態でした。それが外に出てみて、『あっ、これっておかしいのかな』と思い始めたのです。もちろん留学にかかった費用を出してもらっていましたから、帰国したら興銀に戻ってたくさん儲けましたよ」

日本興業銀行は第二次世界大戦後の復興と高度経済成長を金融面で支えた。現在のみずほ銀行の前身である。当時の興銀といえば、都銀の上に存在する金融機関の頂点であった。名門中の名門であり、銀行界でのニックネームは「貴族」「公家」だった。若い読者の方は興銀という名前さえご存知ないかもしれないが、かつては「東大で最も優秀な学生が興銀へ、その次に優秀な学生が長銀（日本長期信用銀行）へ、その次が日債銀（日本債券信用銀行）へ、残りが都銀（三菱銀行など）へ」などと言われたのである。当時の興銀は、安定と高給が約束された超エリートコースだったのだ。

バブル経済が崩壊し、金融ビッグバンが来るなどということは、ほとんどの人には想像もできなかった。

興銀時代の後輩、鈴木淳がこう証言する。

「興銀魂という言葉があります。それは興銀マンである以上、『日本のよりよい発展に貢献する』ということです。実際に興銀に入った相当数の方々が、金儲けのためではなく、この国をよくしたいと願う気持ち、日本という国を大事に思う気持ちがすごく強かった。そして当時、興銀が目標としていた銀行が、今でいうＪＰモルガンです。ＪＰモルガンをひとつのベンチマークとして、あるいは理想のモデル像として掲げていたのです。ですから、アメリカ金融をきちんと勉強し、経営者としてのセンスを身につけていかないといけない。そうすることが、ひいては日本のためにもなる。そう考えた僕は、アメリカへの留学を志望したのです。おそらく三木谷さんもそうだったと思います。僕は自分自身を愛国者だと思っています。そもそも、日本をそれだけ好きになったのは、僕自身が子供の頃に海外で暮らしていたことに起因しています。日本という国を海外から客観的に見た時、資源もないし、戦争にも負けた。しかしながら国民の努力で経済は発展しました。そんな国は他にはありません。しかも美しく国民は穏やか。しかしながら、バブルが崩壊し、日本経済は迷走し始める。これから先はどうしていけばいいのか、それをきちんと考えなければならない時代の到来です」

そして、1995年1月17日がやってくる。阪神・淡路大震災が起こったのである。

阪神・淡路大震災で叔母夫婦が亡くなった

テレビのニュースは横倒しになった高速道路の映像とともに、大震災の発生の様子を伝えた。夕方になってようやく通じた電話で、浩史は実家にいる両親の無事を知った。

だが、子供の頃、彼をかわいがってくれた叔父と叔母が、すでに犠牲者のリストに入っていた。母の節子の妹夫婦である。地震で1階が潰された。

浩史はその日、興銀でテレビを見ていた。

神戸に住む良一と節子のほうではテレビがつかなかったので、周囲の状況がどうなっているかわからなかった。浩史は、叔父のヒロユキの名前がテレビに出たのを見た。叔母のヒロコの名前は出なかった。

節子は妹夫婦の安否を案じ、警察にも何度も電話をかけたのだが、つながらなかった。

「やっと次の日の朝5時ぐらいにつながって調べてもらったら、『残念です』ということでした」

その時、浩史の両親の自宅は明石にあった。揺れはしたが、家は潰れなかった。

節子の妹夫婦の家は、神戸の須磨区にあった。

節子が言う。

「震源が、橋の辺りだったんです。地震波は東西に走ったから、海の上から須磨まで衝撃が走ったんです。浩史は私たちが大丈夫なことと、叔母夫妻が亡くなったことを知って神戸に来たのです」

「僕たちが遺体収容所にいるところに、浩史は後から来ました」と良一が説明する。

浩史は岡山からやってきた。鉄道は大阪までは運行していたが、大阪－神戸間が途絶していたので、東京からは来られないだろうと良一は考えていた。だが浩史はその状況を見て、一度岡山へ飛行機で飛び、東京から逆、つまり上り電車で来たのである。そんな緊急時でも機転が利くのが三木谷らしい。

浩史は須磨の公民館まで叔父と叔母の遺体を確認しに行った。公民館のフロアに500体くらいの遺体が並んでいるのを見た途端、ショック以上の衝撃を受けた。立ち尽くした浩史は、下唇を噛んだ。

「それは人生は有限なんだと教えられる光景でした。自分は何をしているんだ。ズルズルやっていたら時間はたってしまう。リスクとは何だ？　金や地位を失うことではない。後悔することではないか。会社を辞めよう、と思いました」

浩史が叔父と叔母の死亡診断書を取るために、やっと火事がおさまった神戸の街を自転車で神戸大学の医学部まで行った。皆が危険だと躊躇していた道を行った浩史に節子が「あなただけががれきの山の街を自転車で走っていったけど、どうだった？」と聞いたところ、「全然覚えてない」と答えた。ただひたすら目的地に着くことだけ考えていて、周囲を見る余裕がなかった、と後年に語るほど異常な状況だったのだ。

父の良一もその時、スーパーカブで六甲まで走って行った。パンクしなかったのは幸運だと、長男の研一は言う。

「僕は、西宮から車で移動しようと思っても、渋滞で無理でしたね」

それほど神戸の街は混乱していたのだ。

叔母夫婦が亡くなったという事実が、浩史に非常に大きい影響を与えた。

「浩史は、その後も何度も来てくれましたね」

節子が言うと、

「たぶん、それで興銀を辞める決心ができたんちゃうかと思いますね」

と良一が言った。

両親は息子の心の変化を捉えていた。

その後、『ナショナルジオグラフィック』の1995年の阪神・淡路大震災の特集号に須磨の安置所の合同葬の写真が載った。その隅に、偶然ではあるが、立ち尽くしている三木谷浩史の姿が写っている。

興銀に辞表を出し起業へ

一橋大学を卒業して研究者になるかビジネスマンになるか悩んだ時と同じように、浩史は日本興業銀行を辞めるにあたって、神戸にある実家に帰り父親に相談している。

ちなみに、楽天を創業する時、TBS（東京放送）を買収しようとした時など、人生の岐路に立たされた時はいつでもそうだった。

父の良一はいつも冷静で「本質的に正しいと思ったら、やりなさい」と息子の背中をそっと押した。もちろん、その際に「これとこれだけはしっかりやれよ」と注文をつけたことは言うまでもない。

「浩史が起業しようと決意した時のことも覚えています。興銀を退職する前、『相談がある』と言って、神戸の実家に泊まりがけで来たのです。当時は神戸と東京で離れて住んでいて、めったに会うこともなかったから、何だろうと思ったら『興銀を辞める』と言い出したのです。僕は『辞めないで立て直し、興銀の中興の祖になったらいいじゃないか』と言ったんです。すると浩史は『興銀にいるなら頭取にならなきゃいかん。だけど、わしが頭取になる前に銀行が潰れてるわ』と答えた。浩史はハーバードビジネススクールに留学させてもらったり、その後もニューヨークに留まって、ウォールストリートの証券会社でM&Aの勉強をさせてもらったりと、興銀には非常にお世話になっていたので、そのことが気がかりでしたけどね」

浩史はその頃、ハーバード大学のキャンパス内にあった食堂のような外食産業を展開できないかといったアイデアをはじめ、様々なビジネスプランを考えていた。

「僕は初め、興銀を辞めると説明してることはわかるけれども、他は何言うてるんかさっぱりわからんかった。ＩＴと言われても、正直、今でもわからん。僕は新しいビジネスを創り出すことなど考えたこともなかったから、起業に関してはアドバイスのしようがなかった。楽天創業は浩史が自分で決めたことです。ただ、少し後になって、新しい会社の名前を決める時に、横文字の候補がいろいろあったけれども、『一度見たら忘れない名前だから楽天がいい』とアドバイスしたのだけは覚えています」

三木谷浩史は起業家として、直感的に物事を捉え、経営判断を下すタイプである。「右脳と左脳のキャッチボール」をするわけだが、同時に彼は父親と思考のキャッチボールを行ってきたのだろう。理論的にどうなのか、過去の事象はどうだったのか、経済学者である父親の合理的な考えを聞くことで、直感を確信に変えようとしてきたのだろう。

誰もまだ興銀が潰れるような銀行だとは思っていなかった時期であった。さすがに三木谷自身も不安に感じていたようで、退職を報告された三木谷の上司であった喜憲は、「退職希望を伝えてきた時の三木谷は、いつもの強気はなく顔面蒼白だった」と印象を語る。「私の慰留に対して、失敗しても悔いはないとその決意を語っていた」と続けた。

普通なら、特に当時は、働き盛りの夫が会社を辞めると言い出せば、大抵は妻やその両親の反対にあうだろう。しかも興銀のエリートコースを棒に振って、ゼロから起業を志すとなればなおさらだ。だが、妻の晴子も晴子の両親も、夫の決意を受け入れ、その後も温かく見守り続けた。

ちなみに興銀を辞めた三木谷浩史を、ソフトバンクの孫正義、TSUTAYAの増田宗昭が、「うちの会社に来ないか」と誘った。浩史はそれを、丁重に断っている。

95年11月、浩史は興銀を退職し、6畳ひと間の部屋に「クリムゾングループ」というコンサルティング会社を設立する。当初、三木谷浩史の最大の不安材料は、興銀を離れて情報が入ってくるかどうかということだった。しかし、時はまさにインターネット元年であった。メールを使えば世界中の友人たちから、精度の高い企業・産業情報を得ることができた。24時間以内にその道の専門家から、興銀時代より鮮度の高い、1件100万円、200万円の価値がある情報が手に入る時代になっていたのである。

「起業してから、多くのクライアントからは、『すごいね、三木谷さん』と感心されました。数人で渋谷区のマンションの1室に作った会社でしたが、ディレクTVの立ち上げなど、大型案件に関わることができましたから」

ただし、いつまでもコンサルティングの仕事を続けるつもりはなかった。コンサルティングは主体性のある仕事ではないからだ。事業は順調だったが、知識や人脈を切り売りしているように感じ、新しいことをやろうと100のビジネスプランを考えた。

「100のプランから残った3つが、地ビール屋、パン屋のフランチャイズ、そしてインターネットビジネスでした。この中で一番魅力的だったのが、やはりインターネットビジネスでした。これから進歩していくネットワークを使うビジネスであれば、飽きやすい僕もずっと知的な挑戦が続けられるだろうと思ったんです」

その当時、クリムゾングループで稼いだ資金が6000万円あった。これを資本にインターネットで何をやるか。三木谷浩史が目をつけたのは、エレクトロニック・コマース（EC＝電子商取引）であり、ウェブ上のバーチャルモールであった。インターネット・ショッピングモールは、96年頃から大企業が参入して鳴り物入りでいくつか登場したが、その後は鳴かず飛ばずで、撤退が相次いでいた分野だった。お世辞にも魅力あるビジネスとは言えなくなっていたはずの分野だ。

97年当時、インターネット・ショッピングモールはゴーストタウン化していた。日本人はキーボードが打てないからインターネットは普及しないとまで言われた。

「誰もが否定的なので、逆にイケると思った」

——従来のカタログのような店ではだめだ、情報や企画がどんどん新しくなり、昔の商店街のようにコミュニケーションが楽しめる〝人のにおいがするショップ〟を作れば必ず成功する。三木谷の直感はそう告げていた。

三木谷はまず1ヶ月かけてウェブ上のショップ2500店舗をネットサーフィンし、データベース化してみた。その結論は「つまらん」。けれども「イケる」だった。

「ECに対する世間の見方は否定的でしたが、それはむしろ有利だと思いました。みんなが成功するとわかった時にはもう遅い。自分のベクトルと他人のベクトルが違う方向を向いている時こそ、競争原理的には最高のシチュエーションですから」

では、なぜつまらないのだろうかと考えた。

「まず情報が古い。ホームページをいちいちFTPで立ち上げなければいけないからです。買い物かごもついていない」

では、どうすればいいのか？

「仮説を立てました。まず環境的条件として、インターネットは必ず普及する。なぜなら便利だから。だから人々はインターネットで買い物をするようになる。では成功の条件は？　唯一の絶対条件は情報を常に新しくすること。これに尽きる。僕はそう仮説を立てました。この仮説が外れたら、仕方がない。検証し直すだけのこと。当たっていれば、あとは時間軸の問題です。2年後に成功するか、10年後に成功するか。それなら10年先でも持ちこたえられるビジネスモデルを作らなければならない。そして、最後に成否の鍵を握るのはインプリメンテーション（コンピュータなどで、目的の機能を実現するためにハードウエアやソフトウエアを作成したり調整したりすること）のうまさです。ただ、僕たちには技術的ノウハウがなかった。さいわいクリムゾン時代にパソコン教室もやっていて、そこで縁のできた優秀な技術系の学生さんたちに、システム作りは協力してもらい、97年5月からモールのサービスを開始しました。ネーミングは信長の楽市楽座にならって楽天市場としました。商人が集まって町ができるように」

もちろん三木谷浩史は楽天家である自分自身の性格を振り返り、「オプティミスティック（楽天的）に」という意味も込めた。

「今の日本人は『このままでは日本はダメになってしまう』とか、『アメリカから遅れる』というふうに暗く、心配ばかりするのがそもそもいけない。ビジネスですから利益を出すのはもちろんですが、僕はこの会社が日本の新しい成功モデルとなって、社会を変革する推進力となればいいと思っていたのです」

三木谷浩史の楽天性は、実は「嫌なこと、面倒なことはやらない」という姿勢にも表れている。

「あまり将来のことは考えていないですね。日々、何をして遊ぼうかなと考える。計画性はゼロですね。うちの妻とは、よく喧嘩になります。休みとか家族のプライベートの予定など考えないんです。考えたくないわけではなく、考える能力がないんです。ただ、どうしても計画しなければいけない時には、計画します。楽天の会社を作るとか、事業計画とか。でも本音を言えば、基本的に予算なんてどうでもいいと思っているんです。僕が言うと怒られますが、でも環境が刻々と変わるのだから、本当の未来はわからない。とくに僕たちがやっているビジネスでは、考える時間は無駄なんです。考えているとスピードダウンする。思いついたらやる。予測がつかないところを、予測しても仕方ないのです。たぶんラリー・ペイジ（グーグル共同創業者、CEO）やセルゲイ・ブリン（グーグル共同創業者）や、グーグルの経営者も同じだと思います。もちろん、官僚的な役割を果たす人は周りに置いています。僕は、アイデアを矢継ぎ早に言って、こんな感じで作ってと依頼するだけです。アウトソーシングといえばわかりやすいでしょうか。『面倒くさい。これ、やっておいて』と。テニス部の時もそうでした。副キャプテンに、ややこしいことは、『おまえらやっておけ』と言っていました。子供の頃もずっとそうだった気がします。思い返せば、自分が嫌なことをおそらくほとんどやってなかったから、あの通信簿だったと思うんですが」

しかし子供の頃と違う部分もある。

ビジネスの場合は、最後は引責しなければならない。だから、やりきる力というのが必要なのだと三木谷浩史は言う。

「決めたら、やりきる、やり続ける。それが大事なんです。嫌なことでもやったほうがいい。だから僕にとって大学のテニス部っていうのは、いい経験だったんですよ。体育会的なところがね。サルみたいに、決めたらやりきる。やり続ける。そういう部分は、たぶんあとから出てきましたね」

野生児でもいいのだ、と三木谷浩史は考えている。大人になればごく自然に、責任を感じるようになる。つまり、基本的な社内のルールとか、決まりごととか、そういうものも守れるようになる。

インターネット・ショッピングという体験を売っている

楽天をスタートした頃の話に戻ろう。

前出の興銀の後輩、鈴木淳が証言する。

「まだオフィスが愛宕にあった頃でしょうか。何回か三木谷さんのお宅に泊めていただいたことがあります。まだ社員が6人でした。その頃の僕は産業調査部に所属していて、『この状態では興銀の存続は難しいな』とわかり始めていました。その頃は三木谷さんのところに遊びに行くたびに、『淳も楽天に来いよ』と誘われていました。その時に、『三木谷さん、ちなみに今の売り上げはどれくらいなんですか』と聞いたことがあります。僕も産業調査部で、一応アナリストの端くれですから、将来を賭けるのであればアナライズしなければいけないと考えたのです（笑）。すると、『先月は150万だったよ』と言う。『そうですか、150万ですか。ちなみにどんな人が買ってるんですか』と聞くと、半分以上を三木谷さん個人が買っていたのです（笑）。『何だ、三木谷さんが自分で買っているだけじゃないか』と。楽天の最初のお客は三木谷さんでした。ただ、そのことが僕の気持ちを強烈に動かしたことは事実です。『わあ、すげーなー。すごく真剣にやっているんだな』というのが伝わってきたのです。そして、こういうチャレンジは面白いと思って、妻にも話をしました。結果、親戚などを含め多くの方々に反対され、その方たちを説得しきれず、楽天社員番号7番は流れちゃったんです」

その頃を思い出しながら鈴木淳は続ける。

「泊めていただいた時に、メリル・リンチが作ったＩＰＯ（新規上場）の目論見書を見せられたこともあります。それを一緒に見ながら、『おまえ、一緒に日本を変えようぜ』と言われた記憶もありますね」

鈴木淳は結局楽天には参加しなかったが、興銀時代の三木谷浩史の仲間であった山田善久は楽天に参加して現在は楽天の副社長執行役員最高財務責任者であり、また一時楽天で最高財務責任者を務めた高山健、毛利寛なども興銀から楽天に参加することになる。

鈴木淳は言う。

「三木谷さんは人とタイミングに恵まれています。ＩＰＯの時もそうでした。山田善久さんがあのタイミングで楽天に行くとは、誰も想像できなかったと思います。親しかった僕でさえも、山田さんの楽天合流は信じられなかったです。山田善久さんこそ、興銀の中でもピカピカ中のピカピカの方でした。東大法学部を優秀な成績で卒業し、大蔵省（現財務省）も間違いなく行けた逸材。興銀に入れば、配属先から何から全部ピカピカで、行くべくしてハーバードビジネススクールへ行き、結婚相手も日本興業銀行頭取、会長、そして経済同友会代表幹事を歴任した中山素平さんの孫娘さん。よほど勝算があったのかもしれません。たぶん彼のほうが三木谷さんよりも、興銀を辞めることで捨てたり諦めたりすることが多かったはずです。そのまま行けば役員はほぼ間違いなかったと思います。興銀を辞めた後は、ゴールドマン・サックス証券に行かれました。ただ数ヶ月で辞めて、楽天へ。しかもゴールドマンでやった仕事はたったひとつで、楽天のＩＰＯですから。三木谷さんは、やはり人に恵まれてますよね」

創業したばかりの頃の楽天に話を戻そう。

それまでのサイバーモールでは、ホームページの制作や更新を運営企業側の専門業者に任せなければならなかった。出店料も月数十万と、決して安くなかった。

楽天市場ではホームページの更新はもちろん、店舗の運営・管理、フォーラムの運営などの機能を、簡単なオペレーションでテナント自身ができるようにしたのである。サイバーモールは自動販売機ではない、という三木谷浩史の思想がそこにはあった。店舗を経営する喜びを与えられた出店者は、積極的に情報を更新し、工夫をこらすようになった。

出店料は月５万円からと、以前の常識とは比較にならないほど安価に設定した。出店料５万円、売り上げマージンなしという楽天のシステムは価格破壊であった。大企業のモールは初期費用２００万円、出店料毎月30万円、売り上げマージン13％というようなコスト積み上げ型の価格設定が主流だったのだから、楽天の価格のインパクトは大きかった。

その結果、オープンからわずか2年後の8月には、楽天市場は大手百貨店から地方の卵農家まで、約1000社が契約する日本最大級のモールとなった。99年5月の『goo』上の調査ではモール認知度、購入率ともにトップ。とりわけ購入率では2位のモールの1・7%に対し9・6%という高い数字を示した。

「インターネットビジネスの一番の特徴は、エンドユーザーとのインタラクティブ性です。サイバーモールは自動販売機ではない。インターネットで買い物する新体験こそが商品なんです。カタログ販売よりも、むしろリアル店舗の対面販売に近いと僕は考えています。楽天市場はそれができる機能を備えている。営業にあたってわれわれが一番強調するのがそこです。エンドユーザーからの声を聞いて、それを店舗作りに活かす。キャッチコピーひとつにもこだわる。そういう努力をしている店舗の売り上げは、確実に上がるんです。われわれは単にシステムの提供者ではなく、ECコンサルタントでもある。いかに商品を売るかをテーマに講習会も開くし、個別にアドバイスもします。競合は気にしません。このビジネスでは、競合に気をとられて浮足立つというのが一番危険。僕はあくまでユーザーのほうを見て、ロングタームでバリューのあるサービスを提供していく」

三木谷浩史率いる楽天は物を売ると同時に、インターネット・ショッピングという体験を売っているのである。

「スターバックスも単なるコーヒーだけではなく、カルチャーを売っています。結果としてコーヒーも売れる。同じことです。最初の発想が全然違うので、他と大きな差が開いてきているのでしょう。アメリカのショッピングモールのように整然としているのではなく、もう少しがちゃがちゃと、むしろリアルのマーケットに近い形です。楽天市場では、高級な物からバッタ屋のような物まで取り扱います。ですから消費者は掘り出し物を見つけるような、宝探し的感覚を楽しめます。アメ横、秋葉原、銀座3丁目を足して割ったような、そんなサイバー空間を創造しています」

三木谷浩史は、よくエンパワーメントという言葉を使う。

Empowerment。

社会、組織の構成員一人一人が、発展や改革に必要な力をつけるという意味だ。インターネットを使い、条件的に弱い立場にある人に力を与えること。エンパワーメントすること。それが楽天の使命なのだと三木谷浩史は考えている。

「僕たちは創業の、あの時期に学んだんです。出店者はなかなか増えなかったけれど、やるべきことは山のようにあった。事務所には寝袋が備えてあって、いつも誰かがそこで寝ていた。時間がないから、昼食は毎日近所の牛丼屋で済ませていた。自分たちのやっていることが、世の中のためになると信じていたからこそ、あそこまで仕事に夢中になることができたんだと思いますね」

ローカルエコノミーや中小企業をエンパワーメントする。楽天は、そういう企業理念から生まれた。インターネットは便利だ。だが便利なだけの生活を、人は愛することができるのだろうか。その疑問に対する回答が楽天の出発点にあるのだ。

「便利にするだけではなく、元気にするのが楽天のミッションなんです」

やはり三木谷の根底に流れているのは、興銀魂なのだろう。

形は変わったが、日本のためにという発想に変わりはない。

アメリカの有力ベンチャー誌『レッド・ヘリング』は、99年の「トップ10アントレプレナー」に日本人として唯一、三木谷浩史を選出した。同誌は彼を「カウンター・カルチャリスト」と呼ぶ。ベンチャーに冷たい日本で、困難なネットビジネスに果敢に挑戦し、成功させたという意味合いだ。

そんな三木谷浩史は日本の大企業についてこんなふうに考えている。

「日本の企業は世代間抗争になっています。上のほうにとっくに役割を終えたお年寄りが余っていて、そのポジションを守るために可能性のある若い人たちが働かされている。こんな図式はもう成立しないですよ。部長の首を切れば新人を五人くらい雇えるのに、それをしない。興銀もそうした隘路にはまっていた。そもそも企業自体が永遠ではあり得ないんですから。ライフの終わった会社を守っても仕方がない。若い、一番フロントラインの人たちが、自分たちのために戦える土俵がなければ面白い会社とは言えない。僕はそう思います。うちの若い社員は、みんなものすごく働く。そして働いた分だけ、知識や経験、体力を蓄えていっている。ビジネスのトレーニングという意味では、ハーバードビジネススクールの授業より役に立っていると思うほどです。こちらは実戦ですからね。不安材料がないわけではないけれども、なにごとも楽天的に行きましょうというのが僕の信条です。独立してよかったことは、チャレンジできること。登る山は高いほうがいい」

父親の良一は言う。

「僕はあまりインターネットやメールを積極的に使うほうではなかったから、インターネットで注文して品物を買うということがよくイメージできなかったですね。貯金がいくらかあったので『資金が足りないのだったら出資しようか』と言ったら大丈夫だということだった。『その代わり、誰か楽天市場に出店してくれる人を紹介してくれ』と言われましてね。教え子を紹介しました。その店が97年の創業時にオープンした13店舗のうちの1店になりました。何も手伝ってやれないので、せめてできることをと思ってね。三木谷ゼミのOBで、大阪の老舗のオモチャ問屋を継いだ男がいたので、彼に頼んだんです」

良一は楽天創業の過程を見ながら、息子の積極性と独創性、めげないメンタリティに感心していた。何よりも、ビジネスというものの現実をよく観察しているのだなと感じた。

「子供の頃から、浩史が他人の悪口を言うのをほとんど聞いたことがないんです。それから一回や二回失敗してもケロッとしてめげないところが浩史の強さじゃないでしょうか。まさに楽天的なんですよ」

父は、浩史は末っ子だったから気楽に育てたのだと思っている。

けれども、それが結果的に、大きな実をつけることになったのだ。

3章　実業家が世の中を変えていく

楽天は、ご存知のように重層的に業務を拡大していった。まさにイノベーション、新結合を体現していったのだと言っていい。それらの重層的な側面が有機的に絡み合い、巨大な生命体のような組織を短期間に進化させていったのである。

この章では、三木谷がいかに考え、行動を積み重ねていったのか、そして成長した実業家がいかに時代を動かしてきたのか、その様子を見ていこうと思う。

地域への貢献を考えて――東北楽天ゴールデンイーグルスの誕生

2003年、三木谷浩史のもとに一本の電話がかかってきた。生まれ故郷である神戸市の当時の市長、矢田立郎からだった。地元のプロサッカー・チーム、ヴィッセル神戸の運営について相談したいということだった。

「あの頃は景気の低迷が続き、多くの企業は利益を上げるのに必死な状態でした。ヴィッセル神戸も大きな問題を抱えていました。チームの主要なスポンサーも苦しい財政状態にあって、スポンサーを続けられなくなり神戸市が介入したわけですが、やはり財政上の問題でチームの運営から手を引かざるを得なくなったということでした」

ヴィッセル神戸は存続が危ぶまれる状態に陥ったのである。神戸市長は三木谷浩史にスポンサーを引き受けてくれないかと打診してきたのだった。

「僕は、楽天ではなく個人で、財政上のバックアップを引き受けました。両親はまだ神戸に住んでいたし、なによりも故郷ですから。また神戸には個人的にとても強い愛着を抱いていたことが、引き受けた理由のひとつです。でも、それだけではない」

三木谷浩史は、芸術やスポーツ、音楽などに関わる文化事業は、人々にとって欠かせない特別なものだと信じている。そして、それをサポートすることが地域コミュニティーの人々に対する責任だと考えている。

「世界に住む人々の生活を向上させることは、働いている僕たち全員に課せられた共通の使命なんです。企業が地域のスポーツチームをサポートすることは珍しくない。こうした行為は当たり前のこととして受け入れられているし、そのおかげで企業は効果的なマーケティングも展開できるわけです。でも僕にとって、地域への貢献にはマーケティングを超える価値があるんです。僕がビジネスを行うのは、世界をより良いものにしたいという目標があるからです。そんな思いが、僕が関わる地域へと伝わっていけばいいと願っています。そうすれば、地域からさらに世界中へと伝わっていくでしょう。地域への貢献は利益還元の問題ではなく、会社の存在理由に関わる問題なんです」

そんな三木谷の考えが凝縮したかのような、また「楽天」の名が一気に全国に広がる出来事が起こる。プロ野球参入である。

歴史が長く既存産業が占めてきたプロ野球界に、新勢力である起業家の動きで変革をもたらす時が訪れたのだ。

２００４年10月、日本のプロ野球界に50年ぶりに新規球団が誕生した。「東北楽天ゴールデンイーグルス」である。

11月には楽天に対して、仙台にプロ野球パシフィック・リーグの新しい球団を設立する認可が下りた。東北楽天ゴールデンイーグルスが誕生したのだった。

その当時、日本のプロ野球界は危機的状況にあった。プロ野球史上初の選手によるストライキまであった。伝統的なリーグ制が多方面からの批判にさらされてもいた。新しい球団のフランチャイズ権を得るには、別の企業が所有していたチームを公開入札で手に入れなければならない。これには膨大な費用と時間も必要だった。

なぜそんな苦境にある野球界に首を突っ込んだのだろうか。

当時社長室にいた毛利寛は、プロ野球参入に反対だった。参入しないほうがいいというレポートも書いた。それを読んだ三木谷は毛利を説得しにかかった。毛利が言う。

「楽天としてはメリットがあまりなく、赤字を続けるだけで、プロ野球に参入する意味はないと思ったから、その内容をレポートとして書いて渡したのです。でも、説得されました。『自信がある』って。三木谷からは言われました。『レポート読んだんだけどさ、自信あるんだよね、俺』って。三木谷がそこまで言うのであれば、もちろん従います。その後は、参入を競うにあたり、窓口として最大限やらしていただきました。参入にあたっては様々なレポートを出したり、日本野球機構の方々の前でプレゼンテーションなどを行ったりするのですが、とにかく時間がなく大変でした。ただ楽天に決まった後はお祭りです。みんなでがんばろうって時に『俺は本心ではやらないほうがいいと思っているんだよね』って人がいたら、盛り上がらない。だから僕自身は野球担当から外してもらいました。立ち上げのメンバーががんばり、地元からの支援も受け、球団はすごくうまく立ち上がったと今は思います」

三木谷浩史の自信とは、何だったのだろうか。三木谷は、彼らしい答え方でそれを教えてくれた。

「僕ならこの業界の古い体質を改革できるかもしれないと思ったんです」

野球界はイノベーションを、「創造的な破壊」を必要としている、と三木谷は察していた。

「僕は新球団、東北楽天ゴールデンイーグルスの新しいマネージメントの仕方を考えました。まずは、新しいコーチとスタッフからなるチームの編成ですよね。人選で重視したのはもちろん能力もありますが、古い慣習にとらわれない姿勢です。僕は完全な透明性を保ちながらチームを運営し、野球界を行き詰まらせたボトルネックと戦うつもりだったんです」

古い慣習にとらわれず新たな可能性を模索し続けることこそ、起業家の真骨頂だ。三木谷はほかのチームとは違った方法論で球団を運営することを考えていた。そして、すべてをオープンにし、プロ野球界に新時代が到来したことを示した。

「マネージメントでは契約やトレーニングに新たな方法を導入しました。選手が食べるものまで管理したくらいです」

楽天の試みを、快く思っていない野球人たちもいただろう。しかし、目の前の野球界の低迷を見ると、劇的な改革を進めるしかなかったのだ。

三木谷浩史は長嶋茂雄のことを考えた。長嶋は誰よりも多くのホームランを打ったわけではない。果敢にホームランを狙うその姿が観客の心を打ったのだ。

「長嶋茂雄さんは単にアスリートだっただけではなく、エンターテイナーとして観客を楽しませていたのです。だって長嶋さんが三振したとしても、ファンの心は刺激で満たされたんですから」

楽天野球団の理念には、次のようなビジネス哲学が掲げられた。

「The Baseball Entertainment Company～私たちは、野球を通じて感動を創り、夢を与える集団である～」

楽天野球団はこの哲学に従い、様々な試みを実施し始めた。ゲームの前に球場で開催している、地元のファンが参加できるイベントもそのひとつである。さらに楽天イーグルスには、設立以来つづけている、プロ野球団としては初の、地元のファンがクラブの運営に直接関わることのできるボランティア・プログラムがある。

「16歳から上は82歳まで、数千人のファンが参加してくれています」

ボランティアたちは7ヶ所の「エコステーション」を受け持ち、ゴミを分別し、観客に環境意識を広める役割を担っている。エコ活動を行う「エコボランティア」に加え、スタジアム案内係もいる。彼らは試合中に楽天生命パーク宮城（2018年1月1日～）の道案内を行う。けが人や病人が出た場合に備え、応急処置のサポートを行う医療ボランティアもいる。

「球団運営に乗り出した時、世間は僕と楽天に注目すると確信してました。このチャンスを活かして、自分なりのマネージメント手法とビジネスモデルをぶつけて、硬直した日本に変革を起こそうと思ったんです」

そしてその変革は着実に実を結び、硬直化していた日本球界すら変えることに成功してきている。

ところで、僕は大学の教員の仕事をする前、サイバーエージェントの子会社である出版社、アメーバブックスの取締役編集長をつとめていた。アメーバブックスでは、サイバーエージェントの社長でありこの出版社の社長でもある藤田晋を交えた会議が1ヶ月に一度ほど持たれていた。この小さな出版社から『本質眼――楽天イーグルス、黒字化への軌跡』（島田亨／アメーバブックス）という本を刊行したことがあった。2006年6月のことである。

再編問題で球界が大きく揺れ、楽天が新規参入してスタートしたのが2005年のシーズンであった。経営的にも大赤字であろうと予想された東北楽天ゴールデンイーグルスだったが、決算で黒字を計上し、当時はこのニュースが大きくとりあげられたのである。

この本は、楽天野球団の島田亨社長（当時）が、1シーズンを終えた時点で球団経営について述べ、経営哲学を示したものである。

アメーバブックスでは何冊かの書籍のタイトルを僕がつけていたのだが、この本のタイトル「本質眼」も実は僕がつけた。「経営の本質を見極めれば、業種はもはや無関係だ」というようなニュアンスを込めたつもりである。

島田亨はリクルートを退社して1989年に宇野康秀などと共に人材派遣のインテリジェンスを立ち上げたのだが、藤田晋は当時の部下であった。そんな縁から、藤田社長を通して原稿依頼したのである。

ちなみに、藤田晋との出会いを島田はこんなふうに回想している。

〈人材派遣業に進出して2年目の春。私はインテリジェンスの取締役副社長として、来期の就職希望者の面接を行っていました。

「では次の方、どうぞ」

「藤田晋です。よろしくお願いします」

それが、後にサイバーエージェントの代表取締役社長となり、史上最年少での上場を果たす、藤田晋氏でした〉

〈「会社に入ったら、何をしたいですか？」

「インテリジェンスのなかで新卒の仕事、派遣の仕事、紹介の仕事、いろいろあるでしょうが、私は社長と会える仕事じゃないとやりたくありません。そうでないなら、インテリジェンスには来ません」

彼は、明確に言いました。そうじゃないと、自分の目的は達成できないから、と。企業のトップに会って、自分の事業のセンスを磨いたり、色々なアイデアを吸収したいと思ったのでしょう。

とにかく、自分の考えと意思をしっかり持っている人でした。立場で言うと、私たちは採る人・採られる人という関係なのですが、そのなかでもきっぱりと自らの要求をしてくる押しの強さに、まず驚きました〉

インテリジェンス、サイバーエージェント、楽天――こうした企業が立ち上がっていく様を描いたノンフィクションは、60年代末のロンドンにおいて多くのロックバンドがデビューしていくのを記録したノンフィクションのように、実にスリリングである。

『本質眼』の「プロローグ　経済界の常識は、野球界にも通用するか?」に、島田亨はこう書き記している。

〈2004年10月5日午後11時、東京・西麻布。

友人と遅い夕食を取っていた私の、傍らにあった携帯電話が、ぶるぶると震えました。

手に取り、背面の液晶に表示された名前を見た私は、内心驚きました。

三木谷浩史氏――。日本国内最大級のネットショッピングモール「楽天市場」の躍進により、楽天グループを形成するに至った、ベンチャー企業の経営者。

(どうしたんだ……?)

携帯に出た私の耳に入ってきた三木谷氏の第一声は、こうでした。

「島田さん、野球やりませんか?」

それは、楽天によるプロ野球への新規参入表明から、20日後の出来事でした。

(……仲間を集めて、草野球チームでも作るんだろうか?)

聞いた瞬間はそう思った私でしたが、さすがにものの数秒で言葉の意味を理解しました。その当時、三木谷浩史氏と堀江貴文氏の顔を、日本国民が目にしない日はなかったからです。

2004年、オリックス・ブルーウェーブと大阪近鉄バファローズの合併に端を発したプロ野球再編問題は、ついにプロ野球史上初のストライキにまで発展していました。

もちろん私も、彼がプロ野球チームの設立に動き出したことくらいは知っています。過熱するテレビの報道を通し、一視聴者として事の成り行きを見守っていた私にとって、三木谷氏のその言葉は、まさに寝耳に水の出来事でした。

まさか、私のところにオファーが来るなんて、まったく思っていなかった――。

驚きの中で、私は今までの自分の半生を想いました。

虚弱体質だった少年時代、突然の父親の蒸発、リクルート入社を経て、24歳でのインテリジェンス創業と上場、そして個人投資家としての日々――。

『野球』なんて言葉とは、程遠い半生。その私に、三木谷氏は何を望むのだろう。

それから2週間後、三木谷氏と2時間にわたる話し合いを持ちました。

聞くところによれば、近鉄バファローズは、年間で数十億円もの赤字を計上する体質から脱却できずに、プロ野球からの撤退を余儀なくされたということです。

低迷するプロ野球人気、赤字が当たり前とされる球団経営、そして再編問題で明らかになった、日本野球界の特殊な体質。

そんな業界に、未経験者が経営に参画することは、どう考えても無謀のように思えます。

しかし、自分でもなぜかは分かりませんが、その時、私の中で戦闘的とも思える不思議な感情が頭をもたげるのを感じていました。

『よし、挑戦してみよう！』

私の試合は、この瞬間から始まったのです。

プロ野球界という未知の領域に足を踏み入れた私は、そこに立ち込める重たい霧に翻弄されることとなります。

球界再編の余波に揺れる業界、そして、犯してはならない聖域の存在――。

そのなかで、なぜ楽天は初年度から2億4000万円の黒字を計上するに至ったのか。

誰かに尋ねられれば、私はきっとこう答えるでしょう。

「経済界の常識は、野球界にも通用するはずです」と〉

島田亨は東北楽天ゴールデンイーグルスを出発させるにあたり、経済界の常識を野球界に持ち込んだのだ。それもオールドエコノミーではなく、ITベンチャー企業の常識をぶつけたのだ。島田が参考にしたのは東京ディズニーランドであり、吉本新喜劇だった。テーマパークとしてのスタジアムを目指した。彼の強い思想のひとつが、「お金をかけるだけでチームは強くならない」ということだ。これは「お金をかけなくても強いチームができる可能性もある」ということに繋がる。その結果導き出されたのが、「東北に軸足を置く」という姿勢だった。

島田はこうも書いている。

〈高額な契約金を積んで、どこかから来てもらった選手が、ホームランを打ったとします。

すごいな、とは思うのでしょうが、ファンの人にとっては、どこか自分たちとはかけ離れた存在として感じるのではないでしょうか。

やはり、生え抜きの選手で強いチームを作るスタイルのほうが、地元の方からは愛され、支持されると思います。

その意味でも、楽天イーグルスは今後は東北出身の選手の育成に力を入れたいところです。

楽天イーグルスの編成には、『東北プロジェクト』というものがあります。もちろん、いい選手を捜すためのネットワークは全国に張っていますが、東北だけはさらに力を入れて選手の発掘をしているのです。

これは長い目になりますが、東北出身の子どもたちが、

「プロになるんだったら、イーグルスに入りたい」

と言ってくれる風土をつくりたいと思っているので、楽天イーグルス主催で、東北全域で徹底的に中学生以下を対象とした野球教室を行っています〉

当時、三木谷浩史はこうコメントしている。

「球団トップの社長が、野球を知っているかどうかはそれほど重要なことではない。何より大切なのはプロの経営者としての手腕です。日産がゴーンさんによってあれだけ変わったように、結局〝事業はヒト〟です。スポーツビジネスの経営というのは非常に高度で難しい職務ですが、島田さんはゴーンさんにも匹敵する経営力を持つ数少ない一人だと思っています」

東北楽天ゴールデンイーグルスは、もちろん日本のプロ野球の球団のひとつである。だが、誤解を恐れずに言うならば、ＩＴベンチャー企業のＤＮＡをはっきりと持って

いる。それはイーロン・マスクのテスラモーターズがシリコンバレーを拠点にしており、自動車会社でありながらITベンチャー企業の匂いを強く感じさせるのと同じである。

「楽天経済圏」という、途轍もないスケールの発想

楽天は積極的にM&Aを繰り返してきた。もちろん、ビジネスの相乗効果を狙ってのことだ。どんな企業でも、他企業と契約を結ぶときにはなんらかの相乗効果を期待しているはずだ。楽天も、買収によって自社と買収企業の双方に相乗効果がもたらされることを期待している。

「これは『楽天経済圏』のための重要な要素なんです」

三木谷はそう言う。

世界でも類のないビジネスモデルと言われる「楽天経済圏」とは、簡単に言ってしまえば楽天グループが提供する様々なサービスにより形成される経済圏のことだ。

ユーザーにあらゆるサービスを提供する仕組みを、つまり自社（楽天）を中心にした経済圏を形成する。

この「楽天経済圏」構想が世の中に発表されたのは２００６年だったが、その前から構想は練られていたという。当時、このような大きな発想ができる経営者が他にいただろうか？

楽天グループが提供するいずれかのサービスから入会した楽天会員は、ＥＣや金融等の様々なグループ内サービスで利用可能な共通のＩＤを持つことになる。この共通ＩＤで管理できる「楽天スーパーポイント」は、「楽天経済圏」内での買い物やサービス利用時に貯めたり使ったりすることができ、楽天会員のグループサービス内での回遊的・継続的な利用を促していく。さらに、クレジットカードの「楽天カード」や電子マネーの「楽天Ｅｄｙ」といった利便性の高い決済ツールが楽天グループサービスに加わり、経済圏におけるネットとリアルの融合が進んでいる。

Ｍ＆Ａを行う時に楽天の事業と大きく隔たりのある事業分野を加えるようなことをせず、既存の事業と相乗効果を生むような事業分野に特化したことによって、楽天のある事業分野の顧客が、楽天のほかの商品やサービスにも手を伸ばしやすくなる状況が次々と生まれたのである。

「楽天市場」の顧客が、楽天のクレジットカードや旅行予約サービス、あるいは証券サービスの顧客になることもある。そんな自然な流れが生まれた。

企業買収を行う時に望んでいるのもこれと同じ相乗効果だ。

楽天の買収候補の多くは、ＥＣ関連のビジネスを展開している企業である。そこで買収企業の顧客にクレジットカードや旅行予約、証券といったほかの「楽天経済圏」のサービスも利用してもらえるような仕掛けを考えるのだ。そして、買収企業のビジネスは、世界中の楽天の顧客にも展開していく。

「企業買収は、1足す1を10に拡大できる機会なんです」

楽天はもともと、インターネット・ショッピングモールを運営する会社として起業したわけだが、初期に買収した多くの企業は金融分野の企業だった。「楽天経済圏」にとって有益な企業にフォーカスして買収先を探したのである。

「買収の目的は、僕たちがすでに展開中のビジネスを補強することでした」

楽天の金融ビジネスへの最初の一歩は、証券会社（現在の「楽天証券」）の買収から始まった。続いて、クレジットカード会社（現在の「楽天カード」）を買収する。

クレジットカードはもともと、富裕層の人々が特別な買い物のために使うものだったのだ。しかし、今やクレジットカードは現金と同じように当たり前のものになった。

コーヒーを飲む時も、交通機関で移動する時も、クレジットカードで支払うことは珍しくなくなった。

「オンラインショッピングの出現で、クレジットカードの需要はさらに広がりました。インターネットで買い物をするのにもはや必需品となっています。音楽を1曲ダウンロードする場合でも、クレジットカードが必要です。クレジットカードは、オンラインショッピングとの親和性が非常に高いのです」

楽天はさらにネット銀行（現在の「楽天銀行」）を買収し、新たな金融サービスをビジネスに加えた。買収の目的は、気軽に利用できる、迅速で効率的な送金と支払いサービスを提供したかったからだ。

銀行が、インターネットを利用しない伝統的なビジネスの世界を代表する存在だった頃とは、隔世の感がある。

「長年にわたって銀行は名声をほしいままにしてきた。小さな町でも大都市でも、銀行は中心部の大通りに店舗を構え、繁栄と権力の象徴だったわけです。しかし、銀行の体力は衰えつつありました。インターネットの進歩によって、店舗を訪れなくても支払いや借り入れができるようなサービスが出現し始めたからです。僕たちも、新たに参入した銀行ビジネスをオンライン上で展開し、伝統的な銀行ビジネスに風穴をあけたのです」

楽天のような会社が銀行などの金融の分野に乗り込んでいくことは一般的ではなか

った。しかし金融ビジネスへの参入によって、楽天は顧客に、より革新的で低コストなサービスを提供できるようになり、企業として財務状況を強化することにも成功したのである。

インターネットがあることが前提になっている現在では、ネット上であらゆるサービスが受けられるようになっている。この状況も三木谷が想定した未来図に描かれていたのだ。

この状態を予測していたからこその、大スケール発想「楽天経済圏」なのだろう。

TBS買収の失敗

楽天の買収戦略はこれまでほぼすべて成功してきた。その成長はあまりにも順調に見えるが、もちろん失敗もあった。そのひとつが、東京放送（TBS＝当時）への経営統合の提案だった。

「最初にこのアイデアが頭に浮かんだとき、すばらしい相乗効果が得られるだろうと僕は思いました。テレビは、広告に依存する伝統的なやり方では立ちゆかなくなりつつあり、そのビジネスモデルの見直しを迫られていました」

視聴者の多くは番組を録画し、再生する時にはCMをスキップするようになった。そのせいで、コマーシャルの価格が下がったり、本数が減ったりした。もちろん、これは日本のマスメディアだけに当てはまる問題ではない。広告に依存した旧来型の世界中のメディアが直面している問題だったのである。

「僕は映像配信の新しい仕組みを思いついたんです。それは旧来型の広告モデルに頼らない、インターネットの力と広がりを利用する仕組みでした」

テレビとインターネットの融合。これを実現できれば、誰にとっても大きなメリットが得られるに違いない。

「テレビ局は新たなビジネスモデルを手に入れる一方で、楽天は新たな事業分野を手に入れることができます。視聴者は自分のライフスタイルに合った方法で番組を見ることができるわけです」

しかし、これはうまくいかなかった。

「残念なことに、TBSの経営陣は僕の考えに賛同してくれなかった。楽天は当初、TBS株の20％弱を取得していたのですが、最終的には保有率を50％まで引き上げる予定でした。しかし、僕たちの提案は受け入れられず、その後、交渉の舞台は、資本・業務提携に移行しました。しかし協議を進めるにつれて、彼らに僕の考えを理解してもらうのは難しいとわかってきた」

それでも当時の三木谷には、彼らを説得する自信があった。TBSの経営陣の多くは、メディアの改革に慎重な立場ではあったが、新しいテクノロジーが世界を大きく変えつつあり、TBSのような会社も変化せざるを得ないことは明らかだったのだ。

「TBSがその変革を成し遂げるために十分なサポートをする準備もできていました。しかし、彼らは、あらゆる手を尽くして、僕たちの提案をつぶそうとした。そして彼らはついに買収防衛のため『ポイズン・ピル』まで発動しようとしました」

ポイズン・ピルというのは、「敵対的買収」だと判断した相手（この場合は楽天）に、買収される側の企業（この場合はTBS）がとる買収防衛策のことで、毒薬条項とも呼ばれている。被買収会社が、既存株主に対してあらかじめ時価よりも安い価格で新株式を引き受けることができる権利を与えておき、「敵対的」な買収が宣言されたり、発行済み株式数の一定比率を超えて買い占められたりした場合などに、これを株式に転換することによって一株あたりの株式の価値を希薄化する。すると、買収側のコストが上がってしまうわけだ。被買収企業側が用意しておく毒薬という意味でポイズン・ピルと呼ばれている。

「インターネットがメディアの世界に変革を起こしつつあったのに、その変革に抵抗するためにわざわざ膨大な時間と金をつぎ込んだのです」

そんなことに意味はあるのだろうか？　それがいったい何の役に立つのか？　三木谷はそう考えた。そして間もなく、意欲を失ったのだ。

「結局、ＴＢＳとは業務提携すら実現しなかった。しかし、この失敗から、企業文化の相性について良い教訓が得られました。僕は、新しいアイデアを基に将来のビジョンを打ち立てた。しかし、ＴＢＳの経営陣はそれとは違ったビジョンを持っていた。彼らは古いビジネスモデルを堅持し、変革を防ぐ道を選んだ。僕は、彼らの方針を知りながら、自分なら最終的には説得できると考え、買収に乗り出した。時代遅れのビジネスモデルを捨て、新たな可能性を拓く道へ誘うことができると考えていた。しかし、僕にはそれができなかった。僕たちと彼らの企業文化の相性はまったく一致していなかったのです。僕は今でもメディアの買収が、楽天や視聴者に大きな利益をもたらし、相乗効果が生まれると信じています」

視聴者には、進化したメディアを受け入れる下地ができているはずだ。三木谷はそう考えている。やるべきことは、長期的なビジョンと、変革への情熱に共感してくれる企業を探すことなのだろう。楽天のＴＢＳ買収劇は、２００５年に始まり、２００９年に決着した。

2011年に東日本大震災が起こり、福島第一原子力発電所の3基の原子炉が同時にメルトダウンするという未曽有の悲劇が発生した。それを、テレビや新聞が連日報道した。あれから7年近くが経ち、様々なことが起き、テレビ局や新聞社への信頼は揺らぎ続けている。あの時、楽天がTBSを買収していれば――と、僕は考えてしまうのだ。

1997年に三木谷浩史が創業した楽天株式会社は今や、日本を代表する企業となった。

インターネット・ショッピングモール「楽天市場」をはじめとするECサイトの運営や旅行予約サービス「楽天トラベル」の運営、クレジットカード「楽天カード」の提供などを行っている、東京証券取引所第一部上場企業であり、楽天会員数は9300万に及ぶ。

2015年8月に二子玉川ライズ「ホテル・オフィス棟」27階以下に楽天が本社を移転し、1万人近い従業員を一ヶ所に集約し、拠点分散を解消することで経営スピード向上を図った。ちなみに、この新社屋にある三木谷浩史の社長室には壁が存在しない。つまり、一般社員と同一空間にデスクがある。

もう一度書く。

あの時楽天がＴＢＳを買収していれば——と、僕は想像せずにはいられないのだ。

ちなみに今の楽天のスタンスについて三木谷は、

「多面的にいろんなテレビ局、放送局と付き合っていくという考え方です。どこかひとつに肩入れするということは、今のところはないです」と述べている。

テレビ局に限らず、記者クラブの問題も含めて、政治、役所、メディアが絡まり合い、ひとつのシステムが出来上がってしまっている。それが今の日本の状況である。

「一般用医薬品のネット販売の時もそうですが、なんとなく役所とメディアの貸し借り関係の中で、正しいと思っていてもそのことを書けないといった力学が働くのは感じます」

三木谷はそう言い、さらに続ける。

「メディアには、根本的にはどうなんだという議論がない。もう少しグローバルな視野で原理原則論を突き詰めてほしいと思っています」

彼の父親、三木谷良一も、おそらく同じことを言うだろうという気がする。

少なくとも現在まで、三木谷の手によるメディアの変革は起きていない。それが、どこまでも残念である。

経団連脱退、そして新経済連盟設立へ

楽天は2011年に経団連を脱退した。当時の経団連の米倉弘昌会長と三木谷浩史の間で、エネルギー政策などをめぐって意見が衝突したのがきっかけだと言われている。

この時に三木谷は、

「（経団連が）電力業界を保護しようとする態度がゆるせない」とコメントした。

ちなみにソフトバンクの孫正義は、

「給食か弁当の選択の自由を提供していないとすれば大問題」と言っている。

三木谷浩史は2012年、新経済連盟を発足させた。会員企業には楽天のほかサイバーエージェント、フューチャーアーキテクト、ライフネット生命保険などのインターネット関連の新興企業を中心に約780社が名を連ねる。

2012年9月、経団連の米倉弘昌会長が緊急記者会見し、「2030年代に原発ゼロを目指す」との政府方針について、当時の野田佳彦首相に電話で直接「承服しかねる」と反対の意向を伝えたことを明らかにした。

米倉会長は首相に対し、
「原発ゼロでは電気料金の高騰や電力供給不安、さらに企業活動の低迷や産業空洞化を招き、政府が先に決定した日本再生戦略に逆行する」と指摘。
「原子力の平和利用で協定を結ぶ米国との関係に深刻な影響をもたらす」との懸念も伝達した。

政府が原発稼働ゼロを盛り込んだ文書自体の閣議決定を見送ったことも、経済3団体（経団連、日本商工会議所、経済同友会）からの圧力があったからだと言われている。

一方、新経済連盟を立ち上げた楽天の三木谷浩史代表理事は、経済3団体が原発ゼロ反対会見をしたことについてコメントを求められ、
「新経済連盟は脱原発です」と表明した。

新経済連盟では、「イノベーション」「アントレプレナーシップ」「グローバリゼーション」という3つのキーワードを掲げている。

楽天はイノベーターであり、今も新しいものを作っていくアントレプレナー集団なのである。だから本来であれば、競合というより協力しあって新しい仕組みを作っていくべきである、というのが三木谷の基本的な考え方だ。新経済連盟も、こうした思想の延長線上にある。

経済団体という既存企業の象徴のような存在ですらもう変革が必要な時代なのだ、と三木谷は僕たちに示したのだ。

ところで、「新経済連盟」のベースになったのは「eビジネス推進連合会」である。医薬品のネット販売が2009年6月1日省令改正で規制されることになった。厚労省が改正薬事法の関係省令を公布し、「インターネット販売は、対面での情報提供が不要な第3類医薬品に限って認め、漢方薬や生薬などを含む大半の一般薬のネット販売は禁止」されることになったのである。

厚労省にこれを押し通されてしまったことで、三木谷は楽天一社でのロビーイング活動に限界を感じたのだろう。

年が明けた2010年2月に一般社団法人である「eビジネス推進連合会」を立ち上げ、ヤフーの当時の井上雅博社長、サイバーエージェントの藤田晋社長が役員に就任した。

翌年、東日本大震災と東京電力の原発事故があり、この年の4月頃に経団連を辞めるとツイッターでつぶやいた。

経団連の「電力業界を守ろうとする姿勢が許せない」ということが大きかったよう

だ。ただ電力業界だけではなく、経団連は大きなメーカーが主体の団体であり、そういう中でいろいろな提言をしても意味がないんじゃないかという判断も三木谷にはあった。

楽天の関係者の中には、

「もうちょっと経団連の方と話をして、その辺りの体質を改善するという方法を探ってもいいのではないか」

という意見もあり、先方も、

「まずちょっと話をさせてくれ。やっぱり辞めるというのは望ましくない。楽天に行って話がしたい」

と三木谷を何とか説得し慰留しようと動き出していた。楽天スタッフが日程調整もしたが、そんな中、三木谷浩史本人がツイッターで「そろそろ経団連を脱退しようかと思いますが、皆さんどう思いますか?」とツイートしてしまったのである。さらにその理由を問うフォロワーに「電力業界を保護しようとする態度がゆるせない」と回答したわけだ。２０１１年5月27日のことだった。

渉外室長の関聡司が言う。

「三木谷が『俺、ツイッターで言うよ』と言っていたので、もうちょっと考えたほうがよろしいんじゃないでしょうかと説得してたんですけどね。ポロッと言っちゃったんで、もうしょうがないやということで（笑）。ただ、別に経団連と喧嘩したとか、そういうことではないんですよね」

２０１２年2月の『日経ビジネスオンライン』のインタビューで、この時のことを三木谷浩史はこんなふうに語っている。

〈僕が日本経団連を辞めたきっかけね。もともとなぜ経団連に入ったのかを振り返る必要があります。奥田碩元会長（トヨタ自動車元会長）に誘われたのが直接のきっかけでした。当時は小泉純一郎政権下。経団連は改革の旗手を担う組織でした。ただ、その後、会長が奥田さんから御手洗さん（御手洗冨士夫・キヤノン会長）に代わり、それからまた米倉さん（米倉弘昌・住友化学会長）になるにつれ、どんどん風向きが怪しくなっていった。

辞めようと思った直接的なきっかけは、やはり震災後です。経団連は（電力の）発送電分離の話が出たときには早々に反対し、原子力発電所については早々と賛成であると表明した。「多分経団連ってそういうために作られたんだな」とその時、分かりました。

経団連が言っていることがあたかも経済界の統一見解のように言う。だから僕は

「そんなことないよ」と世の中にはっきり言いたかった。違う意見だってあるんだよ、ということですね。

ツイッターで退会をほのめかしたのは確信犯。全く入っている意味もないしね、正直言って。経団連は日本企業の護送船団方式を擁護し、これが世の中の共通認識だとカムフラージュするために作られた団体なんですね、そもそもが。そこはたぶん経済同友会とは違うんだと思うんですよ。

僕はあまり深く考えていなかったんですけど、今回の一連のことがあっていろいろよく考えてみると、ああ、そういう構造なんだな、これはと。要するに政官財の構造の一角。いや、中核なんですね。

経団連を辞める時には仁義を切りました。諸先輩方の元に一人ひとり全部回りました。すると、みんな口を揃えて「その通り」だとか「いいね」と言う。けど辞めたのは結局僕1人。呆れましたよ、結局本当に反対したのは1人だけかと。まぁ、そんなものですよね。よほど強烈な人を会長に持ってきて、方向性を明確にしなければ今の経団連は変われないでしょうね〉（『日経ビジネスオンライン』２０１２年２月20日）

経団連を辞めた三木谷は「ｅビジネス推進連合会」を活性化させようと決意。１年くらいかけて、いろいろな議論をした結果、２０１２年６月１日に「新経済連盟」という名前に名称変更をしたのだった。

活動の範囲も「eビジネス」という狭い範囲だけではなく広げていこうということになった。「新経連」という略称を聞いた世間の人々はおそらく、「経団連は古く、新経連は新しい」という印象を持つのではないだろうか。

しかし実際には「新経済連盟」という名称は「新しい経済連盟」という意味ではなく、「新産業による経済の連盟」という意味なのである。もっともこれも猛将の血を引く三木谷浩史の確信犯的なネーミングなのかもしれない。

実際に記者会見の際、三木谷はこんな冗談を言っている。

「『経団連』の『新』じゃないからね。『新経済の連盟』だから」と。

発足当初は「新経団連」と間違えて発言する記者も多かった。それはもちろん誤解なのだが、誤解されるだろうと思いつつ、わざとそういう名前にしたのかもしれない。

関聡司が言う。

「新産業という定義がまったくあいまいなんですけれども、新産業全般について、イノベーションとか、起業アントレプレナーとか、グローバリゼーションとか、そういったことを推進していくような活動をする団体にしようと。サイバーエージェントの藤田社長と相談したりしてました」

「新経済連盟」の代表理事に楽天の三木谷、その他理事にサイバーエージェントの藤田晋社長の他、フューチャーアーキテクトの金丸恭文社長、GMOインターネットの熊谷正寿社長、ライフネット生命の岩瀬大輔社長が就任した。会員数780社でのスタートであった。

2012年には総選挙があり、自民党が圧勝した。総裁だった安倍晋三が次の週に総理に指名されるというタイミングで、ホテルオークラ本館一階のコンチネンタルルームで三木谷浩史をはじめとする新経連の理事6名が安倍自民党総裁と意見交換会を持った。

多くのメディアで報じられたように、この会合をアレンジしたのは幻冬舎社長の見城徹である。これは新経連の関係者も事実であることを認めている。

「新しい経営者たちとも会ってくれ」と見城社長が安倍総裁に言ったのである。

かくして、政権を奪還した安倍総裁が最初に会う経済団体の長は三木谷浩史になったわけだ。経団連の米倉弘昌会長が体調を崩したからだという説もあるが、メディアは次期首相が経団連より先に新経連の三木谷浩史に会ったという事実を、当然大きく報じた。

楽天の広報責任者はこの時のことをよく覚えている。

「一国の次期首相が、経団連より先に新経連に会ったと大きく報道されて、それで一気に新経連のプレゼンスが上がったんです。その時は、メディアの方も本当にたくさんいらっしゃいました。すごかったですね。冒頭と終わった後に囲み取材があり、安倍総裁も囲まれていましたし、三木谷もコメントしました」

そして翌年早々、三木谷浩史は安倍総理大臣がトップの政府組織である産業競争力会議のメンバーに就任するのである。三木谷の先見性、そして起業家としてのダイナミズムを安倍総理大臣も期待したのだろう。

ある日、この辺りの事情を幻冬舎の見城徹社長に聞きに行った。新経連については、こんなふうに答えてくれた。

「旧態依然とした経団連、日本商工会議所、経済同友会に較べて新進気鋭の経営者たちが集まっていて、何かを変えようとしている。そこが評価できるよね。三木谷浩史一人のパースペクティブに頼り過ぎているところはあるんで、みんながもっと支えないといけないと思うけど」

見城徹と三木谷浩史との出会いは、三木谷のほうから電話をかけたのがきっかけだったのだそうだ。

「TBSの買収騒動のさなか、電話をもらってね。てっきりその話かと思ったら、その話はまったく出なかった。赤坂の〈もりかわ〉という店で、僕と三木谷と彼の部下の四人で飯をくった。もちろんそれまでにもあちこちで偶然、会ってはいたけど、ゆっくり話をしたのはそれが最初です」

三木谷浩史評を聞くと、しばらく考えた後、いつものように身を乗り出し流れるような口調でこう答えてくれた。

「三木谷浩史は骨太でタフだよね。プライヴェートではよく会うよ。半年に一度は幻冬舎に来てくれる。そこで仕事の話を聞く。ふだんはカラオケや飯、馬鹿話ばっかりだよ。朝の5時とか6時まで歌っているんだからさ」

そう言えば、楽天の安藤公二社長室室長が三木谷浩史のカラオケ好きの話をしてくれたことを思い出した。テスラモーターズのイーロン・マスクのような海外からの来客も、よくカラオケに連れて行き、そういう時には「We Are The World」を歌ったりする。新経連や産業競争力会議の流れで行った時は、その日のテーマが規制改革なので「闘うんだ」「こんな世の中じゃ駄目だ。日本を何とかして変えなければならん！」という気持ちになり、「宇宙戦艦ヤマト」を歌うのだそうだ。

その話をすると、見城徹が笑って続ける。

「彼は繊細さにはあえて意識をおいていない。文字通り楽天家でアグレッシヴなんだよね。悲観的に物事を考えない。それだけの腕力があるからだよ。実績と能力があるから悲観的になりようがない。もちろん楽天を作った時には大変だったろうと思うよ。それをあの骨太さとタフさでやり切ったのだろうと思う。それはすさまじかっただろうと思うね。最初の1年、2年、死ぬ気でやったんでしょう。だからこそ今がある。その基礎の上に立っているから、今のビジネスモデルは盤石だろうと思う。それでも彼は新しいもの新しいものへと進出している。そこまでやらなくてもいいじゃないかと見ていて思うんだけど、でもやっている。それがなぜ可能かというと、彼が楽天的に自分の能力を信じているからだよね。ここまでは圧倒的な結果をいつも出してきたから」

ところで、そもそも見城社長と安倍首相がなぜあんなに親しいのか、僕はずっと不思議だった。見城は「親しいなんて言ったら安倍さんに悪いよ」と苦笑する。メディアには「スポーツクラブが同じだから」と出ているが、それで親しくなったと言われても疑問は氷解しない。

「いや、同じスポーツクラブでよく会うってのは本当の話なんだけどさ、出版を通じて知り合ったんだよ」

幻冬舎から『絢爛たる悪運　岸信介伝』（工藤美代子／幻冬舎）という単行本が企画

されていた。

「その取材で安倍さんにも会いに行ったんです。しばらくしたら安倍さんのほうから連絡があり、ラムズフェルドの本を出さないかと頼まれたんだ。ドナルド・ラムズフェルドは国防長官を二回やっているんだよ。アメリカで最年少で国防長官をやり、もっとも高齢でもう一度国防長官をやった。その自伝がアメリカで出たので、日本版を幻冬舎で出せないかという話だった。それからたまに会うようになったんです」

ブッシュ前政権の国防長官だったドナルド・ラムズフェルドの回顧録『真珠湾からバグダッドへ』（ドナルド・ラムズフェルド／幻冬舎）が刊行されたのは2012年3月のことである。

そして同年9月、今度は安倍晋三論である『約束の日　安倍晋三試論』（小川榮太郎／幻冬舎）が刊行された。この本の刊行が、安倍が総裁選に立候補するその背中を押したのだと言われている。

そんな話をしてくれた後、三木谷浩史について見城徹はもう一度、こう言った。

「三木谷浩史のような男は日本に絶対に必要なんだよ。君が言うように彼は太陽の子供みたいな男だから、小さなことは目に入らない。それでいいんだよ。彼は1億人に一人出るかどうかの男だし、50年に一人出るかどうかの男なんだ。だからグイグイ進んでくれればいい。ダンプカーみたいな男だよね。すべてを肯定的に陽性にとらえるんだ。それが三木谷浩史という男の持ち味です」

50年に一人出るかどうかの男――まったくその通りだと僕も今では思う。

自民党への異色の提案

2015年5月14日、各経済団体に自民党から持続的成長プランを提案してほしいという依頼があり、それに応えての会議が持たれた。

依頼されたのは、経団連（一般社団法人日本経済団体連合会）、同友会（経済同友会）、商工会議所（日本商工会議所）、そして新経連（新経済連盟）。

新経連からは、三木谷が応えた。

提出されたプランの中で、明らかに三木谷浩史の案だけ異色の提案だった。

「どう見てもいちばんおもしろかったのは僕たちの提案でしたね。目玉でしたよ」と三木谷は笑う。

この案を、難解な書類ではなく、三木谷自身の口から解説してもらった。

「大まかに言うと、要するにGNPを150兆円上げましょう、ということです。

まず1つ目の柱である〝超観光立国〟構想から30兆（円）。30兆を目指すために日本を訪れる人を1億人にする。今、日本を訪れる方の数字が1500万人なんです。2030年にこの数字を3000万人にしたいというのが政府の目標なんですが、これを3000万人ではなく1億人にして、一人平均30万円使ってもらえばいい。そのためには、たとえば第1に横田などの基地を全部LCC（ローコストキャリア＝Low Cost Carrier＝格安航空会社）に開放する。第2に、いわゆる空き家をホテルとして使えるようにしよう、と」

これが三木谷案の1つ目である。

「2つ目の柱は東京をシリコンバレー化する、ということです。インテリジェント・ハブ化構想と呼べばわかりやすいでしょうか。データを制することが国の経済力を決めるわけですから、日本をアジアのインテリジェント・ハブにする。これがうまくいけば100兆くらいの経済効果があるはずです。

3つ目は、ITの活用によって、日本をスマートネイションにしよう、ということです。これで20兆円作れる。

観光立国で30兆、シリコンバレー化で100兆、スマートネイションで20兆、合わせて150兆円。そうすれば、財政の問題も全部解消するでしょう、とぶち上げたのです。世の中はこういうふうに動いていってるんですよ、という説明を含めながら、プレゼンテーションしました」

三木谷は言う。

「東京をシリコンバレーにするために、何をすればいいか。これとこれをすればいい、と刺激的なことも含め、バンバンバンと言ってあげたんです。なかなか理解できなかったようですが、僕はこれからも言うつもりですよ」

この構想を実現化させるには、日本がかなりのスピードアップをしなければならないだろう。しかし、そうしなければ世界の潮流から置いていかれることも確かなのだ。三木谷浩史は世界が変革していくスピードを肌で感じている。だからこそ日本の遅れがもどかしくて仕方ないのだ。

興銀魂でもあり、楽天創業の意義でもある、「日本のために」「日本を元気にするために」という思いは何も変わっていない。

そのスケールの大きな枠外の考え方には、規制で潤ってきた団体や官僚からは反対の意見が噴出する。

未来を予言してはばからない三木谷は、特定の人間にとっては、子供時代同様に問題児に見えるかもしれない。しかし、これが今の日本にとって大きなイノベーションであることは間違いない。

楽天英語化のインパクト

僕は大学の教員として学生たちの就活を指導しているが、もしも自分が今就活をしている大学生だとしたら、楽天を受けてみたいなと強く思うだろう。しかし、である。「社内公用語が英語？　マジかよ！」と考えるにちがいない。

三木谷が社内公用語英語化を打ち出したのは2010年のことだった。世間は――つまり僕たちは、眉唾ものだよなと思っていた。しかしそれから約2年の移行期間を経て、2012年7月から、三木谷は冗談抜きで本当に、社内公用語を正式に英語に移行したのである。

もちろん、楽天の社員のすべてが英語化の改革を歓迎したわけではないだろう。学生時代を優等生で通した人ですら大きな衝撃を受けただろう。

「日本語を母語とする約7000人（当時）の従業員を前に、業務で使う言語を、これまで慣れ親しんできた日本語から英語に移行するように指示したんです。僕はこの指示そのものを英語で伝えました。その日の役員会議も英語。やがて社内すべての掲示板——エレベーターからカフェテリアまで——を日本語から英語に切り替えた。この指示の内容はもちろん、東京本社からアメリカや台湾などにある楽天の海外支社にも伝えられました」

社内公用語英語化を公表すれば、世間から様々な声があがることはある程度予想された。日本のある大手企業のＣＥＯは、計画を「愚かだ」とこき下ろしさえした。だが、三木谷が方針を変えることはなかった。社内公用語英語化は単なる思いつきではなく、楽天がグローバルなビジネス環境で競争に勝っていくために必要不可欠だったからだ。

日本は島国だが、その経済規模は決して小さくはない。それが英語を必要としない雰囲気を作りだしている。日本語でコミュニケーションができれば、これまでは問題なく仕事をこなせてきたのだ。

しかし今、グローバル化によって、日本の言語環境は土台から揺るがされつつある。経済圏は個人にとって、時には国家の枠組みよりも重要である。世界経済のボーダーレス化が進む中、日本語に固執する日本企業は確かに時代の波から取り残されてしまうにちがいない。

楽天自身も以前はそうであった。

2005年、楽天は、アメリカの大手オンライン・マーケティング企業、リンクシェアを買収、2008年に台湾に拠点を築き、日本の「楽天市場」と同じようなインターネット・ショッピングモールを開設した。事業展開の進行は順調だった。

しかし、もっと効率的に事業を進められるはずだと思っていた。それなのに、どうもうまくいかない。モヤモヤした思いが頭から離れなかった。そしてついに、この問題が言語、つまりふだん使っている日本語に根ざしていることに三木谷は気がついた。

楽天では、研修の一環として海外支社や子会社の社員たちに日本で「楽天市場」のビジネスモデルを学んでもらっている。英語化する以前は、日本にやってくると、彼らは、各部署の責任者たちと通訳を介して話をしていた。しかし、通訳を介すると、当事者同士の会話のスピードが遅くなり、互いを十分理解するのに時間がかかってしまう。

スピードの問題だけではない。通訳が間に入るとひとつのチームとして働いているという一体感もわきにくい。どちらも「起業家精神」の根幹に関わる大きな問題だった。

会社の拡大に伴い、楽天は各社員の業務に関わるコミュニケーション全体を、共通のＩＴシステムに統合した。インターネット企業である楽天にとって、これは当然の施策だった。今ではほぼすべての業務連絡が、共通のＩＴシステムに統合されたＥメールやチャット、ＩＰ電話、ビデオ会議を通じて行われている。また、各種社内の申請手続きも電子化され、共通のＩＴシステムを通じて行えるようにした。

そのおかげで業務はかなり効率化された。しかし、事業全体を完全に統合することはできなかった。

なぜか？

言語の壁が立ちはだかったからだ。海外支社も含め、すべての関連会社とインターネットを介して連絡をとりあえるようになった。だが、当時、海外の社員は、三木谷が日本語で書いたメッセージを、わざわざ英語に翻訳して読んでいた。海外から日本へ送られるメッセージも同じだ。英語のメッセージが日本語に翻訳されてから、日本の社員に転送されていた。当然、翻訳には時間と労力を要した。せっかく瞬時に世界各地と通信できるインフラを持っていながら、それを十分活用できていなかったのである。

「将来を考えると、言語の壁が、翻訳にかかる手間以上の問題をはらんでいることは明らかでした。楽天がこれからも独創的なサービスを世に送り出し続けるためには、日本だけではなく世界中から最高の頭脳を持った人材を集める必要があります。しかし日本語が足を引っ張っていたのです。単に日本語ができないというだけで優秀な人材を雇えない状況は、僕にはとうてい受け入れられませんでした。事業を世界に広げるにつれて、英語を話せる社員の数を増やす必要にも迫られていた。こうした問題は考えれば考えるほど、深刻なものに思えました」

三木谷は、以前は日本語でも十分ビジネスをやっていけるはずだと考えていた。どちらかといえば、英語は不要だと思っていた。外国人の社員たちに日本語のレッスンを受講するよう指示を出していたくらいだ。

しかし、海外展開を本格的に行う段階に至って初めて、グローバルな経営形態を実現するには英語によるコミュニケーション能力が絶対に必要であることに気がついたのだ。

三木谷が社内公用語に英語を選んだ理由はもうひとつある。それは、日本語が、人と人の上下関係をはっきりさせる言語であることだ。年齢や社会的な地位などを考慮して適切な表現を選ばなければ、スムーズに会話することができない。簡単に言えば『源氏物語』の時代から、日本語を話す際にはいつも上下関係に気を配ってきたのだ。

一方、英語で話す時は、相手との上下関係はそれほど問題にはならない。三木谷は考えた。

「社内公用語の英語化によって、英語のコミュニケーションが持つ二つの利点、すなわちスピードと実用性を手に入れることができるにちがいないと思ったわけです。そのうえ、日本のビジネスの発展にとって足かせである上下関係も克服できる」

思えば、三木谷浩史が初めて英語に接したのは7歳の時のことだ。両親に連れられ、アメリカ北東部のコネチカット州に移り住んだ。父が客員教授としてイェール大学に赴任することが決まったからだった。

浩史少年は「ボーイズルーム（男子トイレ）」という英単語だけ覚えさせられ、地元の小学校に放り込まれた。それでも子供特有の適応力で、2年間で英会話を習得した。

しかし日本に帰国すると、英会話の能力はあっという間に衰え、やがてほかの日本の学生たちと同じ程度になった。英作文、文法、スペリングなどは得意だったが、英会話能力は失われてしまったのである。

次に英語を勉強したのは大学時代にアメリカのビジネススクールに入ることを考え、

会話、読解、作文のすべての面で英語力を鍛えようとした時だ。いつの日にか海外留学を実現させたいと願う三木谷にとって、英語力の上達は不可欠だった。楽天の英語化プロジェクトでも「英語は不可欠」という点では、同じだ。異なる点があるとすれば、今度の場合、自分自身のためではなく、会社全体のために目標を定めたということだ。

三木谷は言う。

「英語化がなかったら、楽天はたぶん今の地位にはいないでしょう。今でも売り上げはどんどん伸びていますし、国際的なプレゼンスも上がってきています。入社する社員のクオリティも上がってきている。なによりも社員の視野がまったく変わってきている」

エンジニアの採用も大きく変わった。

現在、日本におけるエンジニアの採用の70％は外国人なのだそうだ。彼らは日本語をまったく話さない。新入社員説明会というと、かつては外国人が数人いるという感じだった。だが今は「日本人もいたの？」という感じになってきた。

「インターネット企業は技術がいちばん重要です。しかし、日本でコンピュータサイエンスやプログラム関係の学部を卒業する学生は、年間で2万人しかいません。アメリカでは約6万人といわれています。中国やインドはもっと多いでしょう。国籍を意識するかしないかで、競争優位が全然変わってくるわけです」

もしも英語化していなければ、メッセージアプリの「Viber」やビデオストリーミングサービスの「Viki」、電子書籍サービスの「Kobo」を買収することは不可能だったかもしれない。

「それは、そうかもしれませんね。誰も彼らをマネージメントできない、ということになりかねませんから。相手側にしても『まあ楽天だったらいいかな』というふうには思わなかっただろうという気がします」

最近、20人、30人程度だが、ハーバードやスタンフォードといった大学からの採用も増えている。三木谷自身がシリコンバレーに出向くことも多い。

「シリコンバレーの起業家らと交流して、家に呼んでバーベキューをやったりという感じですね。名だたるＩＴ企業の社長と、そのへんの喫茶店でお茶を飲んだりすることができるようになってきました」

楽天が始めた社内公用語英語化は大きな反響を巻き起こした。それは国内だけに留まらず、海外にも波及していった。

楽天は過去数年にわたって企業買収を進め、発展し続けてきた。成長し、進化し、新サービスを次々と世に送り出していた。

その度に楽天はリリースを出し、記者会見も行ってきた。

それでもなお「楽天」の名を世界に知らしめるうえでもっとも効果的だったのは、この英語化プロジェクトだった。

このニュースは、あっという間に国境を越えて広がった。

いくつもの国際的メディアがこのニュースに関心を持った。CNN、ウォール・ストリート・ジャーナル、アジアの主要メディアをはじめ、なんと100以上のメディアが報道した。

日本のインターネット企業が社内公用語を英語にするというニュースが、世界中のメディアでそれほど注目を集めたのだ。

日本の企業経営者たちは社内公用語英語化にあまりいい印象を持っておらず、彼らがメディアに語った批判的コメントがさらに議論を盛り上げた。

三木谷浩史は言う。

「楽天のことだけを考えていたわけではないんです。この取り組みが他社にも波及すれば、日本経済を危機から救うにちがいないと確信していたことも理由のひとつですね。世界中の人々と一丸となってビジネスを進めるグローバル化の流れに乗れるかどうか。その成否は、英語化計画の進展にかかっている」

２０１５年６月29日、本田技研工業（ホンダ）が「２０２０年を目標に社内の公用語を英語にする」と発表した。

楽天の〝Englishnization〟は一私企業を超えてビジネスシーンに広がり、さらに日本そのものを変えていくだろう。

ＴＯＥＩＣの次は異文化コミュニケーション

２０１７年６月のある日、僕は楽天のグローバル人事部に話を聞きに行った。本書の取材を続けるうちに、「教育にフォーカスした本にしよう」となり、それならば楽天の人事部が行う教育についても話を聞いてみたいと思ったのだ。

両親から自由な発想ができるような教育を受けてきた三木谷浩史が、かつての日本の象徴だった興銀を辞めて創った楽天では、自分の思想を反映するために、社員にどんな教育を施して、その背景にはどんな思想があるのか。対応してくれたのはグローバル人事部の周藤俊昭である。

「グローバル人事部は本社のコーポレート部門で、全社共通のトレーニングを担当しています。一方で、各カンパニー（13カンパニー）は、独自に人事部を持ち、各カンパニーで必要なトレーニングを行っています。三木谷が率いているからといって、特別に奇抜なトレーニングをやっているわけではなくて、基本的には各階層に応じた形のトレーニングです。楽天独自としては、英語化のところですかね」

英語教育は今まではＴＯＥＩＣテストに集中していたのだが、２０１７年秋くらいからは、異文化コミュニケーションなどの、グローバルリーダーシップの育成などにシフトしていくそうだ。

「象徴的な目標として、ＴＯＥＩＣというツールを使って、８００点を目指そうというものがありました。楽天主義のやり方ですね。高い目標を目がけて、みんなで一緒に行く。象徴的なものとして良かったと思います。すでに5年ほど続けてきて、楽天単体では皆がほとんど８００点を超えるようになりました。ただし課題はここからです。ＴＯＥＩＣはできたけれども話せないとか。今起こってきている問題としては、自分の配下に日本人以外の部下が来た時に、どう接していいかわからないという相談があるのです。そのような事態に対応するためのトレーニングが必要になってきているのです」

現場では、上司が外国籍社員から毎日のフィードバックを求められるのだそうだ。たとえば評価である。常に「あなたはこの正しい道に対して、今、どこにいるのか」ということを伝えていかなくてはいけない。

部下が日本人の場合は、半期に一度の評価というのが通常であろう。

半年に一回、「がんばったね、今期は。あなたの評価はこうだよ」と言えばよかった。しかし外国籍の社員には、それが通じない場合がある。半期に一度ではなくて、ほぼ「毎日フィードバックしてくれ」ということになる。「今日、良かったよ」もしくは「今日、こういうことをやったから、ちょっと目標とずれたよ」と、常にフィードバックをしてくれ、と要求されるのだ。

「この毎日のフィードバックは、非常に大変なのです。外国の方の基本は、マネージャーに対してもフィードバックをする相互フィードバックです。なので、『あなたのマネージメントスタイルはおかしい』と言われることも出てきます。『日々フィードバックしないのは、マネージャーの役割を放棄している』と面と向かって言われるのです。日本で育ってくると、そういう感覚がないので、『おお、なんだこいつ？』と思ってしまったり、そこで衝突が起きたり、人間関係が切れたりとか、現場では様々なことが起きています」

そのような事態を回避するために必要な異文化コミュニケーション。ただそれはTOEICで800点とるより難しいのである。

2004年入社の周藤俊昭から見ると、短期間に大きくなった楽天を、三木谷浩史は「新卒の会社を作ろう」という方向へ引っ張ってきたように見える。

「とにかく新卒社員を大事にしようとしています。それに加えて、楽天主義の徹底。これは必須なのですが、他には細かいことは言わない。教育ひとつひとつに対してああしろ、こうしろということは僕もほぼ言われたことがないですね」

楽天主義というのは「楽天グループ企業倫理憲章」「行動規範8ヶ条」「ブランドコンセプト」「成功のコンセプト」「仕事の進め方」の5つから成り立っている。

会社が大きくなってきた2010年頃、英語化が始まる少し前のことだ。事業が大きくなり、これから世界にも出て行こうという時に、自分自身の考えや「楽天主義」を、以前ほど社員が理解していない可能性があると感じたのだろう。

そこで、有志を募って寺子屋を始めた。「楽天主義をどういうふうに浸透させていくか」とか「海外に楽天主義をどう持っていくか」というテーマを与えて、三木谷浩史がレクチャーするのである。まるで吉田松陰の松下村塾のようである。

「一昨年、社内の新春講話のタイミングで、『三木谷アカデミー』という話が出たことがあります。寺子屋の次ですよね。楽天主義の徹底だと思います。あとはビジネススキルと、開発のテクノロジースキルのような何本かの柱を持って、教育制度を作ろうという構想でした。おそらく次のステージに向かうための、新たな教育施策でしょう」

楽天では毎週月曜日（現在）に朝会《あさかい》が開催され、三木谷浩史がスピーチする。それをインターネットで繋いで中継したり、録画したものを流したりして、約2万人の社員が見る。何人かが質問をする。そこで出た構想だと言う。

ただ残念ながらこの構想はまだ実現していない。

楽天自体の教育方針としてはさほど革新的なものはないのか。

そう思っていたこの日、僕は衝撃的な話を聞くことになる――。

情報はスピードとシェアが命

グローバル人事部の周藤俊昭が、語る。

「これは社員教育ではなく方針ですが、楽天では、基本的には情報をシェアすることが重要だと考えています。情報が命である、と。役職には関係なく、全社員が同じ情報を持つことで、仕事の効率が上がる。『幹部しか知らない』『あの人しか知らない』となるといちいちその人に聞かなきゃいけない。末端の人間が何も知らずに、仕事が進まないとか、チャンスを逃すとか、そういうことがないように『とにかく情報のスピードとシェアが命だ』というのが三木谷の基本姿勢です。これは随分前から実施されていて、今も変わらず行っています」

つまり情報を階層化しないということである。

簡単なようで、これを企業のような組織で実行するのは至難の業であり、相当な覚悟が必要だ。しかしそうしなければ、グローバルでは戦えないのだ。

「かなり高いレベルの情報までもシェアします。こういう情報を普通の末端の社員も知っていいのか、という情報もシェアしています。数字の情報もオープンです。それを見てどう思うか、それを見てどう判断するかというのを、社員にゆだねる。それが三木谷の思想です」

グーグルやアマゾンと違って楽天はそもそも日本の会社なので、外資がやっていることをそのままやればうまくいくというわけでもない。

「その通りです。アメリカの会社をはじめとする外資系が海外で成功してきたやり方をそのまま日本に導入してうまくいくかというと、そうでもない。日本人ならではの感情的または文化的抵抗があるので、そこをいかに楽天らしくやるかを模索している感じですね」

楽天はそういう意味では、日本発のグローバル企業のベンチマークのような存在なのだ。

日本的な良さはそのままに、世界で戦うことのできる集団――それを三木谷は作り上げようとしている。

4章　ヒーローだった父との永訣

人生に必要な知恵はすべて父親から学んだ

２０１３年秋、三木谷良一は逝った。

三木谷浩史は父親の闘病にずっと付き添った。そこから彼が何を学んだのかということを、周辺取材によって得たデータも参考に記述していきたい。

２００９年から２０１０年にかけて、三木谷良一は前立腺がんを患い、放射線治療を受けていた。

その後、回復を見せていた良一は、２０１２年11月９日金曜日、群馬県水上にある三木谷浩史の別荘で行われた「クリムゾン合宿」に、コロンビア大学名誉教授のヒュー・パトリック氏とともに参加した。浩史は合宿後に帰京し、良一は宿泊した。

クリムゾングループは東京都港区にある企業で、三木谷浩史の個人的な事柄をハンドリングする会社という側面が強い。その勉強会を兼ねた合宿にブレインとして良一も参加していたのだ。

翌日の11月10日、三木谷良一は嘔吐した。

急遽、長男の三木谷研一が父親を神戸の六甲病院に連れて行き精密検査を受けさせた。

ここで、「膵臓がんにより、余命半年」の宣告を受けたのだった。

浩史は、当時品川にあった楽天の社長室でその報告を受けた。三木谷浩史はこの時の心情について多くを語らないが、その後の動きは実に早かった。

とにかく早く治療をしなければいけない。浩史は短期間で多くの情報を集めた。そして選択されたのが、重粒子を光の速度の70％に加速させて、がん病巣に照射する重粒子線治療だった。場所は千葉大学医学部附属病院と連携している重粒子医科学センター病院である。この治療は1週間に一度、3週間ほど必要だった。

この治療の間、浩史はずっと父親に付き添った。放射線を浴びている間も待機し、サポートした。父親の治療を最優先したのだ。

12月後半には、赤坂見附前田病院でポート手術を受けた。これは点滴を入れるための医療機器であるポートを皮下に埋め込む手術である。

その年の年末年始は神戸で過ごすことに決め、浩史を含めた親族が揃った。皆が揃う最後の年になるかもしれないという思いが家族にあったのかもしれない。

年明けからは本格的な闘病生活に入る。その生活に便利なように、年内に浩史は自宅近くにマンションを借り、年明けから父、良一と母、節子はこちらに移った。

これらの準備をしたのがクリムゾングループのマネージャー、平田晃であった。平田は正月返上で家具を入れたりして、良一たちの入居準備をした。洗濯機から冷蔵庫、テレビなど、空っぽの部屋に必要な家具が運び込まれた。ベッドは介護用ベッドである。

ここで、在宅看護がスタートした。慶應義塾大学病院の医師が訪問診療を行い、看護師たちもローテーションで看護にあたることになった。

2月に十二指腸が閉塞した。十二指腸から下に食べ物が通っていない状況だったので、バイパス手術を受ける。がんは肝臓にも転移し、再び重粒子線治療が行われた。浩史は毎日、朝と夕にマンションへ様子を見に行った。だが父親の食欲は回復しなかった。

3月、大阪の病院で抗がん剤を直接投与。重粒子線治療も継続したが、がんの検査数値は悪くなる一方であった。

この3月頃まで、良一を慕うヴィッセル神戸の選手たち、播戸竜二や三浦淳宏など、そして学者仲間やお弟子さんが、続々と見舞いにやってきた。

良一はヴィッセル神戸を熱心に応援していて、地方で開催されるゲームには、自分で車を運転して応援に駆けつけることもあった。良一の明るい性格と熱心な姿に自然に選手たちも信頼を寄せていたのだ。

ヴィッセル神戸の選手たちは、2012年にJ2に降格していたこともあり、1年でJ1に昇格することを病床の良一に誓っていたにちがいない。

4月になると抗がん剤治療が開始され、良一は吐き気、抜け毛に苦しむようになる。5月、6月、三木谷良一、浩史父子の共著である『競争力』(講談社)の取材が行われる。

これは、良一との共著を出版したかった浩史が強く望んだ一冊だった。日本のあらゆる問題について親子が対談していくのだが、良一は病魔に冒されているとは、とても思えないほど頭脳明晰であった。

この本は、出版後、ビル・ゲイツが自身のブログ「gatesnotes」で取り上げ、「この夏(2016年夏)の必読書5」「孤島に取り残された時に読むべき10冊」として評価した作品である。

三木谷浩史自身はこの本について、このように記している。

〈国際派の経済学者である父は、楽天創業時から、私の「隠れブレイン」だった。私が安倍晋三内閣の産業競争力会議のメンバーとして、政府の成長戦略策定に関わった

ことを機に、日本経済をめぐる諸問題について父と徹底討論することにした。日本復活のヒントが、ここにあることを信じる〉

父親は隠れブレインであることを超えていた、と僕は思う。息子は人生に必要な知恵のすべてをこの父親から学んだのだ。

浩史が産業競争力会議で提言した「Japan Again」に沿って、親子の対談は進行する。ここでいう「競争力」とは、グローバルな経済競争のことであり、競争相手はアメリカと中国、韓国、それにEUだと述べられている。

政府が率先して鎖国的な官僚主義を見直さなければならず、さらに政府の高コスト体質の改善が必要だと説き、それを実施するために民間経営者の登用が必須である、とも記されている。

対談は、父親が病床にあった時に急ぐように行われた。

7月9日火曜日は「楽天グループデー」であった。「楽天グループデー」とは、仙台に本拠地を置く楽天イーグルスが東京ドームでホームゲームを行う際に、1年に一度、関係者などを招待する日のことだ。以前からこの「楽天グループデー」を愛した良一は、この日も東京ドームにでかけ、VIPルームにて野球観戦をすることができた。良一は野球観戦が好きで、とりわけピッチャーの岩隈久志が好きだった。岩隈投手がシアトル・マリナーズに行ってがんばっていたので、朝方はBSでよくマリナーズの試合を観た。夜はイーグルスの試合、さらにヴィッセル神戸の試合をテレビで観ることを心より楽しみにしていた。

7月に入ると都内の暑さを避け、2、3週間、水上に滞在した。杖で歩くことは可能だったが、腹水がたまり始めていた。

8月、お盆前後も避暑のため、2、3週間、水上に滞在した。水上に行くと温泉に入ることができるのを、良一は楽しみにしていた。だが、寝ていることが増えていた。8月後半からは車椅子に乗り始める。びわの葉治療、鍼治療、マッサージも取り入れるようになった。これは少なくとも、痛みを取る、和らげる効果はあったのである。

9月4日、急ピッチで進められた著書『競争力』の出版記念パーティ前日。抗がん剤治療の副作用でずっと寝ている良一は、歩くのも難しく、記念パーティ出席は危ぶまれた。だが9月5日当日、良一はステロイドを投与してもらい、ホテルオークラで行われたパーティに出席した。浩史に支えられ杖で立ち、スピーチをするまでに回復したのであった。多くの友人や知人が集まり、結果的にこのパーティがお別れの会の役割を果たすことになった。

だが以降は、寝たきり状態に戻ってしまったのである。

9月26日、東北楽天ゴールデンイーグルスがリーグ優勝を果たした。

実はこの日、浩史は良一ともどもアメリカでの治療のため、夜にはシアトルに渡ることになっていた。

渡米予定日は前もって決まっていたが、浩史と良一はその前にイーグルスのリーグ優勝が決まるだろうと考えていた。夢にまで見たリーグ優勝をこの目で見届けたい。だがマジック5になってから足踏みをしてしまい、なかなかマジックを減らすことができないまま、遂に渡米する日を迎えてしまったのだ。

悲願のリーグ優勝を果たす瞬間を見届けたい。そう願い、諦めきれない浩史はぎりぎりまで西武ドームにいるつもりだった。

西武ドームで行われた対西武戦。イーグルスの優勝へのマジックは2。ロッテが楽天対西武戦が終了する前に日本ハムに敗北し、楽天は勝てば優勝が決定するという状況となった。9回に田中将大投手が登板する。田中はピンチを招くが後続を断ち、西武に勝利し、楽天は球団創設9年目で初のパ・リーグ優勝を果たした。

スタジアム1階の記者席で戦況を見ていた浩史は優勝の瞬間、記者席を出てベンチ裏に向かった。その姿を見つけた選手たちが三木谷をグラウンドに引っ張り出し、球団オーナーの胴上げが行われた。

優勝決定から1時間後、三木谷は所沢の西武ドームから車で移動し立川パレスホテルで記者会見を開いた。

その記者会見を終えた三木谷のもとに、ビールかけ用の優勝記念Tシャツに着替えた関係者が続々と押しかける。

彼らには良一の治療のために渡米することを伝えていなかったのだ。

優勝を見届けられない可能性を感じていた楽天首脳部が、このぎりぎりのタイミングでの優勝に、「やはり社長は持っている」と感嘆する中、優勝を見届けた浩史はビールかけをせず、「日本一になって、もう一回ビールかけをするチャンスをくれ」と皆に伝え、羽田に向かった。

そして良一とともにシアトルへ向かったのだ。

父との永訣

父親のために、三木谷浩史は考えられるすべてのがん治療の方法を調べた。そして、アメリカ国立衛生研究所の小林久隆主任研究員の存在を知るのである。アメリカで小林久隆が取り組んでいたのは、光に反応するものに抗がん剤を乗せ、それをがん細胞にだけ当てるという方法だった。

　三木谷浩史は言う。

「なんとか余命を延ばせないかと思い、世界中を回って治療法を探しました。結果的に、灯台下暗しでした。たどり着いたのは、楽天市場にワッフル・ケーキの店を出す店舗さんであり、地元ヴィッセル神戸のスポンサーもやっていただいている新保哲也さんの従兄弟でした。それが、アメリカの国立がんセンターで研究していた小林久隆先生です。この技術がすごくて、現在はクリニカルトライアルの段階に入っているのですが、アメリカで絶対に治らないと言われていたがんに対して次々に効果を出しているんです」

　三木谷は続ける。

「この治療法は光でがんを治すというものです。わかりやすく言うと、ある特殊な薬というか物質を注射すると、がんにだけその物質がくっつく。そこに光を当てると、基本的には副作用がまったくなく、がんが死んでいく。がんの細胞だけ死んで、ほかの細胞にはまったく影響がない。すでに7人の臨床テストをしていますが、いわゆるステージ4で余命2、3ヶ月という人を対象にテクニカルトライアルをやった結果、全員に著しい効果が出ているんですよ」

これだと思う治療法にようやく出会えたものの、まだ商用化に至っていない段階にあることから、父親には受けさせることができなかった。

『競争力』の出版記念パーティの後、良一の病状は急速に悪化した。だがアメリカ生活が長かったこともあり、別の治療法の可能性を求め、長旅をすることになっても「アメリカでの治療にトライしたい」と良一本人が決断した。

シアトルに着いた直後、良一の体調はさらに悪化した。これは、2月に受けた胃と十二指腸のバイパス手術による接合部分が狭窄したせいであった。そのためアメリカで受けた最初の治療はがんの治療ではなく、接合部分をステントで広げる内視鏡を使った手術だった。

最初の2週間は十二指腸の治療に費やされ、肝心要のがん治療ができなかった。

ずっと付き添っていたクリムゾングループのマネージャー、平田晃が言う。

「いよいよがん治療をやるタイミングになりました。この治療法は、3回治療をやって1クール、でした。まず1回目をやったんです。でも、2回目がしばらくできないだろうというほど、体力が落ちてしまいました。そのあと急に肝機能が悪くなってしまったこともあり、がん治療は1回しかできなかったんです。それが、すごく残念でした。いろんな準備も含めて、態勢が整うのがもう少しでも早ければ、そこまで悪くならないうちに治療ができていれば、というような思いが社長にはあっただろうと思います」

シアトルでの新治療ができない以上、アメリカに滞在し続ける理由はなくなった。帰国し慶應病院に戻ってからは、もはや打つ手がない状態であった。

この頃、家族にはあらためて余命の宣告があったのかもしれない。10月から11月の間に何回か病院から家族に説明があった。

浩史は言う。

「10月後半ですね、医師から最後の説明を受けた時に、初めて『親父はだめかもしれない』と思いました。それまでは一切考えていませんでした。アントレプレナーは諦めないいんです」

その時病院の片隅で、ただぼーっとしていた三木谷浩史の姿を、平田晃はよく覚えている。

11月3日、東北楽天ゴールデンイーグルスは日本シリーズ制覇をかけてKスタ宮城（当時）で巨人と戦った。これが第7戦である。第3戦で5回⅔を無失点に抑えた美馬学投手が先発し、立ち上がりこそ不安定だったが結局6回を1安打無失点に抑えた。9回には、前日160球を投げた田中投手がマウンドへ上がり、スタジアムは大歓声に包まれた。

田中は、先頭打者の村田にヒットを打たれたあと2死までこぎつけたが、ロペスにヒットを打たれ2死1・3塁のピンチを招く。だが次の打者の代打・矢野謙次に対しては、1ボール2ストライクから、142キロのスプリットで空振り三振を奪った。

楽天が初の日本一となった瞬間である。

優勝の瞬間、それまで目を閉じていた三木谷良一がテレビに顔を向けて目を開いた。

11月6日、星野監督が見舞いにやってきた。

11月9日未明、家族が集められた。浩史、母親の節子、兄の研一、姉の松井育子である。家族が手を握って見守る中、父は10時頃亡くなった。その時の様子を、平田晃は語る。

「朝の10時くらいでした。血圧がどんどん落ちていくんです。ご家族は病室に泊まれて、亡くなる直前までずっとトレーナーが良一さんの足を揉んでいましたが、だんだん血圧が落ちていきました。朝になって、みなさんが呼ばれ、家族でずっと手を握って、良一さんの顔を見ながら囲んで『がんばれ、がんばれ』、最後のほうは『もっと息して、息して』と言い続けていました。そして、いよいよもう呼吸が止まったら、『ありがとう。私たちこれからも仲良くやっていくから。家族全員仲良くやっていくから』とさかんに言っていましたね」

三木谷良一は神戸の人なので、その日の夕方には神戸に戻り、通夜と告別式が平安祭典神戸会館で執り行われた。良一の棺の上には、イーグルスが日本一になった時の優勝ボールが置かれていた。83歳であった。

新しいがん治療への投資とRM1929

三木谷浩史は父が亡くなった後も、新しいがん治療についてリサーチし続けた。アメリカ国立衛生研究所の小林久隆主任研究員の研究も続いており、その成果が出たのが父の三木谷良一が亡くなった1年後（2014年）のことだった。成功事例が増えてきたのである。

三木谷浩史は、2015年に光免疫療法の商用化を担うアスピリアン・セラピューティクス社に巨額の資金を投入する。これはおそらく、彼がプライベートで投資した案件の中でいちばん額が大きい。三木谷は、非常に強い意志をもってこの投資を行ったのである。

父親を亡くした後、浩史には、多くの人の命を救いたいという思いが芽生えた。父親のがんの治療方法について、世界中をリサーチして回り、ごく身近なところにそれを発見した。父の治療には間に合わなかったが、未来への可能性を感じたのであった。

「イーロン・マスクがPayPalを作り、スペースXをやり、テスラモーターズをやっているのなら、三木谷浩史はまず楽天で革命的な経済システムを作り、その次は世界の人の命を救う光がん治療に貢献したいと思ったんですよ。技術者じゃないけれども、そのプロジェクトの推進を手伝いたいと」

イーロン・マスクが設立したスペースX（スペース・エクスプロレーション・テクノロジーズ）は、宇宙に向けて打ち上げたファルコン9ロケットの第1段機体を、大西洋上に浮かべた船の上に着地させることに成功した。同時に、この第1段機体から分離された第2段機体は国際宇宙ステーションへの補給物資を載せた無人補給船を宇宙へと運び、打ち上げと着地の両方で完璧な成功を収めたのである。

２０１６年、モデル３を発表して話題となったテスラモーターズは２００３年にシリコンバレーを拠点として生まれたベンチャー企業であり、既存の自動車会社よりはＩＴ系ベンチャー企業に近い。出資者を見てもグーグルやイーベイといった、シリコンバレーの著名な企業が名を連ねている。イーロン・マスクはこのテスラモーターズの会長兼ＣＥＯでもある。

三木谷が新しいがん治療の説明を改めてしてくれる。

「簡単に言うと、鍼灸院でやる針の太いやつを思い浮かべてください。それを通して光を当てると、がんの部分だけ光ります。光ファイバーの針です。そこに我々の物質を入れて、特定の波長の光を当てると反応する。そうすると、少しずつがん細胞が死んでいく。がんの細胞だけ死んで、ほかの細胞はまったく死なない。1週間でかなり小さくなってくるんです。最終的にはほぼ全部なくなる。このプロジェクトに大きな投資をしています。たぶんこれも普通の人だと、『いやあ、そんな怪しいものを……』と躊躇し、やらない可能性のほうが高い。でも僕は基本的に楽天市場を始めた時と同じスタンスなのです。楽天も、最終的にはこれはいけると思った。なぜなら、それまでの通信販売と違いインターネット・ショッピングは、カタログを刷ったりDMを送ったりするコストが不必要なのですから。その分だけ安くなれば、最終的に商品のバラエティも増えていくでしょう。そうなれば、eコマースは少なくとも当時の通信販売の2兆円規模の市場の2~3倍、5兆~6兆にはなるだろう、という単純な発想だったのです。いま取り組んでいるがん治療は、これまでにあった様々な放射線治療や化学治療、あるいは免疫療法などとは違い、すごく物理化学的なアプローチなんです。父の治療には間に合わなかったですが、僕はもっと多くの人の命を救いたいと思うようになったから、引き続き何十億円単位で資金援助をしているわけです」

三木谷浩史が楽天をスタートさせた時、他の企業が行っていたインターネット・ショッピングモールの試みはことごとく失敗していた。

「僕にとっては、過去の失敗なんて全然関係ないわけです。イーロン・マスクのスペースXにしろ、テスラモーターズにしろ、似ていますよね。電気自動車はみんな失敗した。だが、なぜイーロン・マスクがやれば成功するのか。月面着陸をスペースXで成功させると、NASAがやって駄目なものを、なんで民間のベンチャーができるんだ、という人たちは必ずいます。それが本当のアントレプレナーの力なのです。僕は、日本にも本当のアントレプレナーが、もっとたくさん出てこないと駄目だと思うんですよね」

このがん治療がビジネスベースに乗ると、楽天の数倍のビジネス規模に簡単になると三木谷浩史は考えている。人類の歴史が変わるようなプロジェクトになる可能性すらあるのだ。

この治療法が確立されたら、おそらく世界は変わる。

世界の未来を変えるがん治療の薬の開発コードは、『RM1929』と名付けられた。それが意味するものは、『リョウイチ・ミキタニ　1929年生まれ』である。

5章　三木谷浩史が描く教育とは

ファンダメンタル・シンカー、ハンターとファーマー

２０１７年7月のある日、本書の最後の取材を行うべく、二子玉川にある楽天本社にうかがった。本社ビルにはいわゆる社長室という部屋はなく、広いフロアの一角に三木谷のデスクが置かれている。大きなガラスの向こうに、富士山を望むことができる。

三木谷浩史はテニスでアキレス腱を断裂し、しかし驚異的な回復力を見せ、普通に歩いていた。

「父親ががんになって、がんのことを必死に調べ、世界中の治療法を探しました。その結果、おそらく世の中が変わるような治療法を送り出せると思います。今回は自分がアキレス腱を切ったので、世界中のいろんな整形外科に電話して、どうすればより早く回復するか、かなり調査しました。筋肉や腱のことなど、かなり勉強しました。その成果でしょうか、かなり早く回復していて、だいたい7割くらいはひっついた感じですかね。普通には歩けるんですけれども、階段は少しきついです」

文字通り、転んでもただでは起きない人である。

まだ車椅子だと思っていたら歩いてこられたので驚きました、と僕が言うとあの豪快な笑顔を見せる。

「あはは。ギプスはもう外しました。今はテーピングだけしています」

人を安心させる力のある笑顔だ——と、僕はいつも思う。この生命エネルギーに多くの人たちが引き寄せられてきたのだろう。僕は、今回が最後の取材になるだろうと思うと述べ、こう付け加えた。

「この本は三木谷浩史という企業人の評伝であるのと同時に、教育の大事さを書く本にしたいと思っています。袋小路に陥っている日本の教育について考えると、起業家を育てて、ブレイクスルーをしていく以外に道はないのではないかと僕は思います。三木谷さんご自身が家庭や学校、ビジネス社会で受けてきた教育については既に取材しました。今度は、三木谷さんがお子さんや楽天の社員やビジネス社会全体を教育する立場になられてからのお考えをうかがって、最後のメッセージにしたいなと思います」

少し考え、三木谷浩史はゆっくりと話し始める。

「最近、自分自身について面白い指摘をふたつされました。ひとつは、在京シンガポール大使であるルイ・タックユーの右腕がシンガポールに帰任することになったので、帰国する前に絶対に会いたいと言ってきた。何で僕に会いたいんですかと聞いたら、『あなたは非常に稀なファンダメンタル・シンカーだからだ』と言うのです」

ファンダメンタル・シンカーという言葉は、原理的なことをきちんと考える人、という意味だろうか。

「要するに、通念や俗念というものから離脱して、物事を考えられる人というわけですね。楽天市場を創業したこともそうですし、今回のＦＣバルセロナのスポンサードもそうですし、英語化もそうです。すべてのことを、社会通念にとらわれずに決定できるということでした。ファンダメンタル・シンカーであると言われて、『ああ、そうなんだな』と自分でも納得しました」

僕が頷くと、三木谷浩史は人懐っこい笑みを浮かべながら、こう続けた。

「逆に言うと、『普通の人のようにはできない』という短所になるかもしれません（笑）。僕のような人は、出てこないだけで、世の中にたくさんいるはずですよ。その人たちが出てこられない原因は、日本の教育制度だと思っています。なぜか？　減点主義だからです。減点主義を採用せざるを得ない国の成り立ちであり、環境であったとは思います。でも時代の変遷とともに状況は激変しています。それなのに、教育制度は何も変わらない。このままでいいはずがないのです。現状の教育を続けていく限り、『そもそも論』を考えられない集団が続々とできていくことになります。疑問を持たないほうが管理しやすいからでしょうかね、制度が変わらないのは。しかし、それでは世界と戦っていくことはできない時代なのです。いろいろなレンズで見ることができるとか、いろいろな角度から物事を見られ、あるいはいろいろな距離感を持つことができる、ということが大事だと思います。単一な価値観ではなく、ね」

単一な価値観が幅を利かせ、やがて本質的な議論がなされなくなり、全員が同じ方向を見るように強いられるようになる。そういう国、組織、学校は死んでいく。

三木谷浩史は続けて、もうひとつの指摘を説明してくれる。

それは「世の中には、ハンターとファーマーがいる」という話だった。

三木谷はある日、ブラック・ショールズ方程式の起草者の一人であるマイロン・ショールズというノーベル（経済学）賞学者（1997年受賞）と食事を共にしていた。

この時、マイロン・ショールズが言った。

「世の中には2種類の人間しかいない。それは、ハンターとファーマーだ。日本はこれからは駄目だと思うよ。なぜ駄目かというと、日本にはファーマーしかいないからだ。ハンターはおまえを含め数人しかいない」

そう言われて三木谷は、「まあ、それもそうだな」と思ったのだそうだ。

だからといってハンターを多く育てようとは思わない、とも言う。ハンターは嫌われる役割の人も多いはずで、キャラクターという要素が大切だから、と言い添えた。

「めげずに踏ん張り続ける意志と信念が必要ですからね」

確かに日本という土壌では「めげない」才能が必要だろう。

そんな具合にファンダメンタル・シンカーでありハンターである三木谷浩史の目に、日本の教育はどう映っているのだろうか。

「僕が思っていることは『学校って本当に必要なの?』ということです。学校とはインターネットがなかった時代に学問をやる場所ではないでしょうか。インターネットが出てきて、情報は瞬時に手に入り、ホテルは民泊に代わり、将来、自動車は保有するのではなく、アプリケーションで自動運転の車を呼べば自分で運転しなくても目的地に連れて行ってくれる時代が到来します。学校にはその時、何ができるだろうかということを考えなければならない」

そんな激変の時代に僕たちは生きているのだ。

三木谷浩史は、英語教育のあり方に関する文科省の有識者会議のメンバーでもある。英語教育改革については、こんなふうに考えていると語る。

「まず最初に手をつけなければならないのは入試改革でしょうね。ゴールを変えればプロセスも変わりますから。大学入試を変えようということは、コンセンサスが取れています。次は、中学と高校の入試もある程度変えたい。高校入試に関しては、今はほとんど文法や和訳が中心となっていますが、実用英語を増やしバランスの良い仕組みに変えるのが重要です。できれば私立中学の入試にも英語を科目として加えるべきだと思います。私立ということもあり、統一してどこまでやれるか分かりませんが」

日本の教育そのものについて、三木谷が強く感じていることがある。

「教育の現場で何を教えるかという議論をすると、国を愛する心を教えるべきだとか、教育勅語の現代版のような思想教育が必要だとかいう話が出てきます。僕はそういう考え方とはまったく相容れないのです。そういった日本の教育論には思考を停止させる罠がたくさん仕掛けてあると思う。多くの方は日教組のせいにしますが、僕はそうは思わない。政治家や官僚がコントロールしやすいように、子供たちに考えさせない仕組みを作ろうとしているとしか思えない。出る杭を打っては駄目なんです。戦前や明治維新後の日本はまったく違った文化を持っていたと思います。旧制高校の教育はもっとリベラルだったはずです」

父親の三木谷良一は以前こう語ってくれたことがある。

「旧制高校の教育は、エリートを作るのがひとつの重要な目標だった。でも今よりずっとリベラルでした。だから、右翼を含めたいろいろな思想から攻撃のターゲットにされたのです。少なくとも今の中国のようにがんじがらめの教育ではなかった。そんな教育をしていたら、日本の発展はなかったでしょう。戦後のアメリカの占領下にあった時代も、アメリカ式の自由が大事にされていました。教育現場の締めつけがきつくなったのは冷戦後ではないでしょうか」

父親のこうした姿勢を受けて、息子の浩史がさらに先に進もうとする。

「インターネットの出現によって、新しいツールがたくさん出てきているわけですよ。学習や教育の定義自体が今、変わろうとしています。買い物がインターネットの出現で変わったように、教育の方法も根本的に変わるはずだと僕は思っています。学習がインタラクティブになったり、一斉に同じことを学ぶのではなく個人の理解に応じた教育がそれぞれに可能になったりすれば、子供たちの吸収だってよくなるはずなのに、そういうツールを使おうという発想を、最初から排除している。そのこと自体が大きな問題です」

日本の一方通行の教育、あるいは画一的な教育に対する意味なき固執が思考停止状態を作り出している。これがＩＴの導入で日本が大きく遅れた原因であるのは明らかだ。

「大事なのは、独自の思考能力です。そういう意味では、国語を勉強することが非常に重要です。ルールに従うことも重要でしょうが、ルールを守ることは要するに既成概念追従型ですから、それでは既成概念を打ち破るようなスーパースターは出てこない。既成の殻を破って新しい時代を切り拓く人は、自由な発想を持っている人です。もっと言えば、子供の頃には勉強がよくできなかった人たちなのかもしれない。エジソンにしても、アインシュタインにしても、明治維新を支えた多くの若い日本人も、おそらく変人ですよ。変人のための国語。それが大事だと思います」

そういう意味では、三木谷良一も三木谷浩史も十分に変人だった。

もし三木谷のアイデアが実現すれば、それはビジネスの枠を超えて、日本人の考え方が根本的に変わることを意味するだろう。

大事なのは何が本質的なことかを考える力である――それがこの父と息子に共通したベースである。

浩史は言う。

「日本の官僚が典型です。霞が関文学と言われるように官僚は独特の言い回しで多くのことをごまかしているところがありますが、官僚たちのそんな論理も、英語に翻訳する段階で崩れると思います。改革案が実現すると、まず英語の授業の中で日本語を使わなくなります。要するに、最初の『Hello』という挨拶からすべてを英語でやる。まだ決定したわけではないですが、一応、方針としては決まっています。ただ実行段階になると、『総論ＯＫ、各論ＮＯ』が出てくるでしょう。しかしながら、ここをなんとか押し通して、文科省にはぜひ英語教育の改革をやっていただきたい」

難しいことはなかなかできないから――と三木谷浩史は考えた。何かひとつ変えたらドミノ倒し的にいろいろと変わっていくものがないかを探し出そう、と。

そのひとつが、ＴＯＥＦＬを大学入試に使うというアイデアである。これを提案したところ、官僚が「ＴＯＥＦＬ等」とした。〝等〟を入れたことに対し三木谷が激しく抗議したところ、

「〝等〟を入れたのは別に英検をイメージしたのではなく、ケンブリッジやオックス

フォードが使っている資格試験を考慮したためだ」ということだった。

英国大使館からクレームが来たらしいということだったが、三木谷はこれはたぶん言い訳だと思っている。

「ＴＯＥＦＬを入試に入れるだけで、世の中が変わると僕は思っています。このテストはアメリカのニュージャージー州にあるＥＴＳというＮＰＯ団体がプログラムを開発しています。大学受験に使わせてほしいと申し入れたら、一人当たり1万5０００円だとの試算でした。文科省が『コストが高すぎる』と言うので、楽天サイドで『数十万人が受けるのだから、一人３０００円でやらせてくれ』と交渉しています」

国の入試システムのために一企業である楽天が汗をかいて交渉する――それが日本のためになるのであれば、という三木谷の強い信念が表れたエピソードだ。

大学は就職予備校と化しつつある

三木谷浩史が強く指摘するのはＡＩ（人工知能）の活用である。

「本当に重要なポイントはＡＩの活用だろうと思います。将棋の藤井聡太四段も、繰り返しＡＩと対戦して、あんなに強くなったわけでしょう」

藤井聡太四段が30年ぶりの新記録となる公式戦29連勝の偉業を達成したことは大きなニュースになったが、それは彼がＡＩ時代の申し子であり、ソフトで将棋を研究したとメディアが報じたことも一因だった。その後、藤井聡太四段が負けると、どこかほっとした空気が流れたのではなかったろうか。

「やっぱり教育もＡＩでやったほうが絶対効率的なわけですよね」

そう言う三木谷に、既に7年も大学の教員をやってきた僕は問うた。

「学校でしかできないことって何でしょうね？」

「苦しいことをやるのが勉強だ、という意識が日本にはある気がします。まるで『勉強道』みたいな意識ですよね。そう捉えることが一般的なのかもしれませんが、そこが良くないのではないでしょうか。勉強とは本来、何かに熱中していたら自然に身についた、というほうが一時的ではなく身につくもののはずです。サッカーのスーパースターであるメッシやネイマールも、特別なサッカーのトレーニングをしてうまくなったわけではない。ほんの子供の頃から、楽しいからボールを蹴っていた結果としてサッカーがうまくなったわけです。そうだとすれば、勉強もそういう方向に導けるようなアプリケーションを作ればいい。サッカーのように簡単ではないかもしれない。ただ、ＡＩなどのＩＴ（技術）を導入すれば、もっと楽しみながら、うまく学べると思います。文科省の方針を見ると、専門教育に力を入れようとしています。しかし僕は、専門教育はＩＴを使ってＡＩにやらせればいい。学校では、むしろ人間性を豊かにするなどの情緒的なことを行うべきだと思います。生身の人間がそこにはいるのですから、そういった人間性を最大限に使ってリベラルアーツを教える場所こそが学校だと思います」

リベラルアーツというのは文字通り「人を自由にする学問」という意味で、簡単に言ってしまえば一般教養のことだ。それこそが大切だという考え方の起源は古代ギリシアにまでさかのぼる。

日本の大学教育でいちばん問題なのが、リベラルアーツがおろそかにされていることだというのが三木谷浩史の持論なのである。

リベラルアーツとは、文系、理系の区別なく幅広い知識を得た後に、専門性を深めることで、豊かな知識に裏打ちされた創造的な発想を可能とする教育のことだ。

ちなみに、日本語の「藝術」という言葉は明治時代に啓蒙家の西周によってリベラルアーツの訳語として作られたものである。

「学校では先生や仲間といっしょにリベラルアーツをやる。そうすれば、その中からファンダメンタル・シンカーであり、イノベーターであり、ハンターが、つまりはアントレプレナー（起業家）が生まれてくるはずです。起業家精神を持った人が多数出てくれれば、きっと日本は変わりますよ。ハンター的な精神を作っていくのはとても大事なことですから。もちろん、世の中、ハンターばかりになると崩壊すると思います（笑）。けれども、今の学校教育は『ハンターになろう』または『ハンターになれる可能性を持っている』という人の芽を摘んでいる。もっともっと、子供の可能性を信じることが大切だと思います。親が『この子は駄目だよ』といった意味のことを言うのを、よく聞きます。もちろん謙遜なのかもしれません。ただ、そうして否定するのではなく、もっと子供の良い点を見て、そこを育てなければいけない。そのことに関しては、学校も親も考え方を変えるべきだと思います。『何でこんなこともできないの！』と言ってはいけません。そんな簡単なことは、いずれ大人になる過程でできるようになりますから。それよりも、未来の宝である子供の良いところを見て、そこを伸ばすことに注力すべきです」

僕は言ってみた。

「三木谷さんご自身はご両親がそう考えてくださって、ひどい通信簿だったのに温かく見守ってもらえた、と」

その言葉には肯定するように豪快な笑いだけが返ってきた。

昔の旧制高校は意外にリベラルアーツ的だったのではないか、と三木谷浩史は想像している。生前、父親の三木谷良一もこう言っていた。

「旧制高校では一般教養の語学は英語ともう一ヶ国語を習ったし、ギリシアやローマの古典を読み、歴史や文化を学びました。西田幾多郎の『善の研究』や阿部次郎の『三太郎の日記』など、日本の教養人として読まなければいけない知的な教養書がありました。エリートたる者には知っておくべきことがあるとして、教養を身につけたのが、僕たちの時代です。それが、いつからかなくなってしまった。これは非常に残念です。残念であることを超えて大問題です」

息子の浩史は一橋大学の学長に頼まれ、入学式の講話をやったことがある。

「僕でいいのですか」と念を押すと「条件がひとつある。君がいかに勉強しなかったかという話だけは止めてくれ」と言われた。

三木谷浩史はそこで、こう言い返したそうだ。

「確かに、勉強しなかった僕も悪かった。だけど、勉強したくなるような講義をやらなかった大学のほうがもっと悪い」

三木谷浩史がきちんと勉強したのは、週に二回の花輪俊哉教授のゼミだけである。

ゼミはスリリングで面白かったからだ。

だが、残念ながらゼミ以外ではスリリングな授業を、浩史は見つけられなかった。リベラルアーツというものは、本来的には大学で学べるものである。だが時代の趨勢は、これに逆行している。

大学は一種の就職予備校と化しつつある。

そしてこの「予備校」は日本的にどこまでも画一的であり、一方通行の教育でしかなく、思考停止状態を作り出してしまう。こうした環境は、決して起業家のような才能を育てることがない。

「それが今の日本の大学教育の最大の問題点です。要するに文科省が悪い」

三木谷浩史は、そういう意味では自らの意志で、かつ独学でリベラルアーツを学んだのである。

「少年よ、大志を抱け」とかつて札幌農学校（現北海道大学）のクラーク博士は言った。

三木谷浩史は、そこに教育の理想のひとつの形があると思っている。だがそれも今や影を潜めてしまった。

「日本の教育は行き当たりばったりで戦略性がないところが問題です。10年に一回学習指導要領というのが決められ、この指導方針に基づいて画一的な教育が行われる。

だから教育現場に創造性が生まれない。あるいは創造性自体を認めないような環境になっている。教育には、もっと柔軟性が必要です。競争原理を働かせてガンガン教える学校もあれば、創造的な教育に取り組む学校もあるというように、様々な個性を持つ学校が出てきてもいい。就職予備校のような大学からは起業家も生まれないし、優れた人材なんて決して生まれない。企業側も、就職予備校を卒業したような学生が欲しいわけではないんですよ」

画一的な教育よりも選択の自由を重視すべきだと三木谷は考えている。その時に重要なのが、教育には投資が必要だということだ。

教育とは費用ではなくて投資である。そういうコンセプトに変えるべきだ、と三木谷は考えている。

「教師の数を大幅に増やして充実した教育体制を作ることが大切です。画一的で、一方通行で、非効率的な教育から、インターネットを活用して、もっと多様で、インタラクティブで、カスタマイズされた教育に進化させるべきです。そのための投資を惜しんではなりません。それと同時に、学習指導要領があって、終身雇用制で、日教組があって、という今の枠組みを変え、もっと進歩的な方向に向かう必要もあります。そのためにも、今までの読み書き算盤に、英語とＩＴを加えた教育プログラムを作ることが必要だと僕は思います」

今は困難な時代である。今後さらに困難さは深刻度を増していくだろう。そういう時に必要なのは、均一な社会ではなく多様性に満ちた社会ではないだろうか。

日本の画一的な教育も、かつては効果があった。誰もが一定水準の教育を受けられる日本のシステムは、世界に誇っていいものだった。しかし、時代は変わったのだ。

「今はリーダーが求められる時代であり、国際競争の時代であり、創造性の時代です。しかし、その中で日本は逆に、若者たちがモラトリアム状態になってしまっている」

日本の若者の多くがモラトリアム状態にあることに、多くの人々が懸念を表明している。その原因は日本の教育システムにある。

教育改革こそ急がなければ、この社会は内部から死に至るだろう。

実力と能力と潜在能力

人間の力には、実力、能力、そして潜在能力があるというのが三木谷浩史の持論である。潜在能力がいちばん高く、その次が能力、そしてたとえば暗記する力などが実力である。

この3つの力それぞれのギャップをどう埋めるのか。それが問題だと、三木谷は考えてきた。

「ほとんどの人間が実力として発揮しているのは潜在能力の50分の1から、良い人でも10分の1程度だと思ってしまいます。なぜ潜在能力ギリギリまで発揮することができないのか？　それは子供の頃から、やろうとすると周囲から『できるはずがない』とか『止めろ』とか『従え』とか、抑えられてきたからではないでしょうか。力を抑えるのはもっともっと後でいい。抑える必要すらないかもしれない。その意味では、高校時代、大学時代は自由な発想をいかに育てていくかを大事にするべきだと思います。そのことが能力を発揮するためにとても重要だと思うのです」

子供たちを育てる父親でもある三木谷浩史は、まず家庭という場で、人間の潜在能力を信じることから始めている。

「子供に『勉強しろ』とは言わないほうですね。『英語はきちんと勉強しておいたら？』と言うことはあります。昔とは時代が違いますから、やはり国際的になる必要があるでしょうから。しかし、嫌がるのを『勉強しろ』とは言わないです。『おまえの人生だから』と思います」

楽天グループにおける講話で、三木谷浩史はこんな話をしたことがある。

インターネット・アントレプレナーと従来の企業のトップの最大の差は何か？

それは「俺たちにはフィア（fear＝恐れ）がない」ことである、と。

「俺たちはエイリアンに対する恐れがない。従来の企業のトップは昔のビジネススクールのテキストブックに則って経営しているのだろう。しかし俺たちは、新しいことにチャレンジしているのだから、失敗しても別に仕方ない、と思っている。だから失敗そのものに対して、フィア（fear）がない。もしあったとすれば、それをどうやって取り払うかが重要だ」

未来を信じて突き進めばいい。その推進力になるものこそが、潜在能力であり想いだったりする。

その意味では、起業家だけではない。iPS細胞の山中伸弥にしろ、PIT（光免疫療法）の小林久隆にしろ、失敗を恐れずに猪突猛進している人たちもいる。

「アカデミックの人もそうだし、スポーツ選手もそうでしょう。また企業で働いている方々も、本当は失敗に対する精神的なペナルティを取り払うことがいかに大事かがわかっていると思います。その意識がなければ、人はチャレンジを止めてしまいます。失敗すると周囲から何か言われそうで嫌だと思ってしまうと厳しいですよね」

将来に何が待っているかを恐れていたら、そもそも興銀を辞められなかったですよね、と僕が言うとまた豪快に笑い、三木谷浩史は言う。

「失敗は学習だと思います。ドロップアウトした子も含めて、新しいことに挑戦しないと失敗しないわけですから。失敗して、また起き上がって挑戦すればいい」

楽天がFCバルセロナをスポンサードするというニュースには僕も度肝を抜かれたが、「失敗を恐れず、挑戦し学ぶ快楽」という文脈で言えばサッカーはその典型的なカテゴリーに属する。

サッカーのトップチームをスポンサードするというのは、そういう意図が三木谷の中にあるのかもしれない。要するに「教育とは、学ぶとは、こんなに楽しいんだぞ」というメッセージを込めているのではないだろうか。

「FCB（FCバルセロナ）のスタイルというのは、〝Believe in the Future〟という言葉で表せると思っています。将来を楽観的に見る、より良い未来を心から信じる、という考え方に基づいていると思うんです。個々の選手の力を、創り出す未来を信じるというのは、僕の考え方に非常に近い。やはり信じてあげることが大切だと思うし、子供たちの自発性をいかに信じて育てるかということですよ、大事なことは」

三木谷の未来をどこまでも信じる気持ちが見えた瞬間である。

実業家が目指すのはお金を稼ぐことではなく社会変革だ

この本の取材のために神戸に行った時、三木谷浩史の実家を訪ね、お母さんの節子さんに話をうかがい、彼女に案内してもらい今でもそのまま残っている生家を訪れ、幼稚園、中学、高校へも行ってみた。

中学生の時に彼がよく立ち寄ったという、バザール明舞プラザという商店街に節子さんが案内してくださり、浩史の大好物だったコロッケをごちそうしてくれた。お店には楽天イーグルスとヴィッセル神戸のポスターが貼ってあった。

店主が、こう言った。

「浩史君ね、親父さんと来たことがありますよ。大人になってからね」

大人になり、日本を代表する実業家になっても、ごく普通の親子のように買い物に来た。その話をすると、こんな返事がきた。

「僕は日本を代表する経営者だなんて全然思っていませんから、父親と出かけるのはごく普通ですよ。僕が子供の頃から、ずっとあの店は残っているんです」

父、三木谷良一は実質的には楽天の最も重要なアドバイザーだった。そのことを聞いてみた。

「そうですね。楽天の基本姿勢である『成功の5つのコンセプト』も、それに続く楽天のブランドコンセプトも、父が言っていたことです。基軸となる考え方、哲学には父の影響があります。単に哲学というより、どんなに世の中が変わっても、普遍的なルールというものはあるんだ、ということでしょうか。そのことに関しても大きな影響がありましたね。父は常に『だから、要するに、どうやねん』ということを、あらゆる角度から考えている人でした」

だから、要するに、どうやねん——それは、三木谷浩史自身の思想のベースにもなっている。

「今の世の中の現象は、マイナス金利などもそうですが、少しアプローチが短絡的ですね。その施策ひとつではなく、常に二の矢、三の矢、四の矢を考えていないといけないと思います。うまくいった時どうするのか、うまくいかなかったらどうするのかだけでなく、中・長期的にどういう作用・反作用があり、それが最終的にどうなるという仮説を立てていかないと」

マクロ経済学者の父が死ぬ間際に、三木谷浩史が考えたことがある。それは、国の所得とは人口×生産力以上に上がらないということだった。

だから要するに——中・長期的にどういうふうになっていくのかということを考えなければならない。国家の未来についても、経営についても同様である。

インターネットビジネスのひとつとして、楽天というモデルがあった。最初のモデルからは、今はもうだいぶ変わってきている。では、10年後、20年後にはどうなるのだろう。中・長期的に将来を見据えて動いていかなければならない。

大きな変化が、すべての企業を襲っている。シャープをはじめとしたメーカーにしてもそうだし、総合商社にしてもそうだ。総合商社の低迷は、エネルギーが暴落することを想定していなかったことに起因しているだろう。こうした動きに関して、

「リバースしないかもしれないですよ」と三木谷浩史は言う。

リバースしない、つまり元には戻らないということだ。

「エネルギー・テクノロジーの革命が起こった時にどうなるんだ、という想定に対する準備をしてこなかった。僕は極論を言うと、楽天市場が駄目になっても、出店店舗さんも楽天グループも食っていけるように設計している」

三木谷良一は学者として、ジョン・メイナード・ケインズとヨーゼフ・シュンペーターの理論を研究した。そのシュンペーターが唱えたのがイノベーションである。

1912年に刊行され、26年に改訂された『経済発展の理論』で、シュンペーターは経済成長を推進するのは起業家（アントレプレナー）による新結合（ニューコンビネーション）だとしたのである。

こうした新結合を遂行することがイノベーションである。遂行の担い手が実業家であり、資金を供給するのが銀行家だと定義した。

忘れてはいけないのは、イノベーションは技術革新や進歩という概念だけを意味しているのではなく、組織論まで含んだ非常に広い範囲に及んでいるということだ。

僕はいささか乱暴ではあるが、大学で学生たちに「イノベーション」を説明する時に、アンパンを例にとっている。

山形市の人口からいって、これ以上パンを売ることはむずかしい。同様にアンコをこれ以上生産しても、売ることはむずかしい。

その時、パンとアンコを結合するとアンパンが生まれ、新しい市場を開拓することが可能になる。これがイノベーションである、と。

その話をすると、三木谷浩史が大笑いして、褒めてくれた。

「新結合ね、アンパンの喩えはわかりやすいですね。新結合は確かに必要です。ただそれを考える際にもうひとつ頭に入れておかなければならないのが、今のイノベーシヨンのスピードは、昔僕たちが楽天を始めた頃のスピード以上に加速しているということです。おそらく約４倍にはなっている。あの頃５だったスピードが、今のイノベーションでは20くらいで、将来的には１０００くらいになると思っています。なぜ加速するかというと、コンピュータが考える時代が来るからです。よくシリコンバレーで言われているのが、シンギュラリティ・セオリーです」

シンギュラリティとは「技術的特異点」と言われ、今後50年以内に到達するであろう大きな社会的転換期のことだ。

２０４５年頃に、この特異点を迎え、ＡＩが人類の知能を上回りはじめ、飛躍的に文明が進化するのではないかと言われているのだ。

しかし、問題がないわけではない。『東洋経済オンライン』（２０１６年３月25日付）に、「マイクロソフトのＡＩ、『差別発言』で即停止」という記事が掲載され、これはあちこちで話題になった。

マイクロソフトはツイッターでユーザーと会話するＡＩの「Tay（テイ）」について、不適切な発言を繰り返したことから、開始から１日も経たないうちにツイートを停止したのである。

テイは多くのユーザーと会話を重ねるにつれて「より賢くなる」よう設計されてい

た。

テイは3月23日にツイートを開始。当初は当たり障りのない発言をしていたが、複数のユーザーが反ユダヤ主義的、人種差別的、反フェミニズム的な内容のツイートをテイに送ると、テイはオウム返しに「フェミニストなんて大嫌い。皆死んで地獄で焼かれればいい」とツイートし、マイクロソフトはこのアカウントを停止したとのことだ。

三木谷浩史は言う。

「この場合も他のケースと同じだと思います。どのような状況になるのかを、今のうちから考えておくことが必要なのでしょう。ＡＩの根本的な考え方は、そもそも人間の脳はシナプスでつながった電子回路であるという想定にあります。人間の脳は電気信号で動いているわけです。電気のパルスが走って、この子が好きだとか嫌いだとか、倫理観として良いとか悪いの判断をしている。その倫理観や好みは、そもそもデジタルなのではないか。その証拠に、例えば脳細胞の移植をしたら、性格が変わったとか、あるいは脳梗塞になったら性格が変わったなどという事例があります。性格も、実はデジタルなのではないか、というのがいわゆるＡＩを研究する人たちの考え方だと思います」

すると、2045年には本当にAIの能力が人間の能力を圧倒的に上回り、不死の時代が来るのだろうか？

自動車の自動運転などもはや当然で、あらゆる病気が治り、交通事故もなくなり、殺人事件もなくなるのだろうか？

人の感覚は電気信号に過ぎないので、コンピュータにインプットすることで好きな感情を味わえたり、感覚や体験ですらもコントロールしたりすることが可能になる。最終的には、人類はもはや肉体を必要としなくなる。脳だけあれば様々な体験をすることができるようになる。結果的に、人類は長年切望していた、老いや死の恐怖から逃れて生き続けることが可能となる。

例えばの話だが、水槽の中に脳を浸けておき、現実と変わらないようなリアルな夢を見せておくことが可能になるかもしれないのだ。

1999年の映画『マトリックス』の世界が現実になるのだろうか？

「そこまで行くかどうかはわかりませんが、その方向に行くことは確かだと思います」

僕は、こんなふうに言ってみた。

「ただあらゆる芸術、あらゆる文化の源には『悲しみ』があるんだと思うんですよ。

ＡＩがラーニングしていき、すると最終的には自分は生命ではないんだということを学ぶ。その時にＡＩに『悲しみ』という感情が生まれるかどうかですよね」

こんな答えが返ってきた。

「そもそも『悲しみ』とは何なのかという問題ですよね。『悲しみ』を因数分解していくと、人間のすべての原点は、『死』というところにあるのではないでしょうか。『死』ぬから『悲しみ』がある。だからこの問題はむずかしい。しかし『おいしい』か『まずい』か、『好き』か『嫌い』かは、何らかの形でパターン認識できる、ということをシンギュラリティ・セオリーの人たちは言っているわけです」

それからもうひとつ三木谷が期待していることは、コンピュータには専門分野がないということだ。

「例えば工学部とか医学部とか経済学部とか。今までそこに結合は生まれなかった。しかしこれからは事情が変わってくる。僕たちがやっている『光免疫療法』も、基本的には物理学と化学と医学の新結合なんですよね。この３つを合わせたからブレイクスルーが起こっているんですよ。これは誰も思いつかなかった。小林久隆さんは、医者なのですが、化学と物理学が趣味なんです。灘高出身で超頭良くて、『医学なんて簡単すぎる、物理のほうが面白い』と言って趣味で研究していた方です。新治療法である『光免疫療法』は趣味で思いついたわけです」

コンピュータにはそもそも専門がないから、物理の知識と化学の知識を結合するのは容易《たやす》いはずだ。今後は、そのように違う領域のテクノロジーを結合させることにより、まったく新しいものが生まれる可能性があるということだ。

それがコンピュータの発想なのである。

「今後の世の中を考えていく上で、今までの社会的常識はほぼすべてテクノロジーの進歩と共に再定義されるだろうと思います。シェアリングエコノミーもそうですね。ハウスシェアリングとかホームシェアリングとか、ライドシェアリングとか、今まで誰も考えていなかったのに既に具体的に展開している。そういうことが、オートメーションAIの中では、さらに加速するでしょう。そういう時代を迎えているのに、今、日本社会では、僕たちが最初に楽天市場を作って出て行った時に『こんなのは駄目だ』とみんなが言っていたのと同じことが起こっているのです。ライドシェアリング反対、ハウスシェアリング反対。しかし、もうそれは世界中で起こっているのだから、世界を見ましょうよ、と僕は思います。それでも目を覚まさない、この国は、本当にもう奈落の底に落ちるかもしれないという危機感を持っています」

確かに今の日本は硬直化している。教育の現場も官僚社会も硬直化していると言うほかない。

「教育は硬直化していますよ。そう思いませんか？　法律に基づく学習指導要領などはなくしたほうがいい。それぞれの学校で好きにやったほうがよほどいい結果が出るでしょう」

ところが、文科省が助成金を握ることによって大学を支配しているのが現状だ。文科省の言う通りにしないと助成金をカットしますよ、だから言うことを聞きなさいという具合である。

「僕は、ときどき自分が霞が関の片腕になっているのではと思うことがあります。結局官僚たちは僕に考えを言わせることによって、世間に問題意識を持たせる。そうやって僕をうまく使いながら、この世の中をコントロールしようとしているのではと思うことがあるのです」

この頃、三木谷浩史は「フィランソロピー」ということをさかんに言い出している。フィランソロピーとは「ソーシャル（社会的）な目的に、アントレプレナーシップ（起業家精神）を導入する」ことである。国には発想できないような、社会的イノベーションができるのは、起業家なのではないかという、三木谷の信念からだ。

チャリティーのように単にお金を出すだけではなくて、実業家が知恵とアイデアも出して、問題解決の仕組み作りに関わっていく取り組み、それがフィランソロピーである。

三木谷浩史はいま山中伸弥京大教授によるiPS細胞研究を支援している。資金を出すだけでなく、難病治療などの可能性を議論しながらやっている。丸投げではなく、自分で資金の行く末をコントロールし、世の中の役に立ちたいと考えているからだ。

アメリカのファミリー財団

いろんな学校があっていい。知識を教え込む学校もあれば、あるいは創造性を豊かにするような学校もあれば、アメリカのようにハウススクールがあってもいい。バラエティに富んだ多くのものの中から、多様な可能性の芽が育つのではないだろうか。

「だから文科省主導の統一的指導は、やはり止めるべきだと思います。もっと独創性があったほうがいいし、それに従わないと助成金あげないぞ、みたいなことでは困る」

文科省から助成金がもらえなくなると、大学は経営できなくなってしまう。それが日本の大学教育の現実である。だから多くの大学が文科省へならえということになってしまう。

「いわゆる就職内定率を上げろということですよね。その数字だけが大事である、と。この問題のソリューションとして、僕が新経連で言っているのは、いちばん大きな資金の流れとして寄付によって財団や基金を創りやすい形作りです。アメリカのファミリー財団という制度のように、日本でも財団を形成すべきです」

アメリカでは、個人寄付として年間27兆円のお金が回っている。だが日本では7000億円だ。30倍以上の違いがある。

なぜか？　最大の問題は公益法人の制度にある、と三木谷は考えている。制度にまったく柔軟性がないからだ。毎年の収支に制限があったり、活動目的が限られていたりするのである。

公益法人の制度を改革できれば、文科省の助成金に匹敵する資金が日本の大学教育を支えるようになるかもしれない。そうなれば、大学は自律性を担保できるようになる。

「日本はこれまで、税金を国に集めて、官僚が問題を解決してきました。しかし、官僚や政治家も完璧ではありません。そこに実業家のアイデアを加えれば、官ではできない部分を補完して、社会的問題を解決できる可能性があると思います。実業家には、こうやったらできるはずだと前向きに信じる力がある。不可能を可能だと思う人たちなんですよ。官にはない柔軟な発想をうまく使えば、国がやるより5倍も10倍も効率よく、問題が解決できるはずなのです」

アメリカのファミリー財団については基本的には税制面でのメリットがあり、また財団の資産に対して毎年5％の寄付をしなければならないとされている。日本でも同様のシステムを採用して、寄付については「公的なことに5％使いなさい」とすればいい、と三木谷が説明する。

「そのような仕組みができるとどうなるか？　たとえば孫財団、柳井財団、または三木谷財団などの多くの財団が次から次へできて、毎年何兆円という金が学校や研究現場に行きますよ、という話なんです。これまでの金の流れはお上が差配してきたわけです。言い方は悪いですが、お上に逆らうと地獄に落ちるぞというシステムを作り、教育をしてきたのです。そこから脱皮しないと駄目です。本質をきちんと考え、既存の考え方を疑うような者がもっと出てこなければ、日本は駄目になります」

アメリカには三木谷浩史のような男が雨後の筍のように出てきているのにと彼は自分で言い、笑った。

「日本では田中角栄以来、お上に逆らう者はメディアも含めて地獄に落とすぞと、官僚が脅して脈々と支配してきた。あるいは政治家が支配するという構造になっていて、そこを打ち破るだけの器量がある人間が何人いたか……残念ながら、あまりいなかったから、僕のような者にスポットライトが当たるのだと思うのです。でもそんなことではいけないでしょう。言い方は悪いのですが、スポーツ界でも何か悪いことをすると永久追放のような、一罰百戒は良くないと思います。もちろん悪いことをした場合には、それ相応の反省は必要ですよ。ただ少しでもミスをすれば〝ライフ・イズ・オーバー〟では、世の中が窮屈になる一方です。この流れは変えたいですね」

三木谷浩史は、こうも言った。

「僕は、やはり完璧な人間にはなりたくないんです。少し出る杭は打たれる。でも出過ぎた杭は打たれないという話もありますし」

名言ですねと僕が言うと、すかさず彼はこう続けた。

「もうひとつは、出る杭がたくさん出てきたら、どれを叩いていいかわからなくなる、ということですよね」

名言である、と僕は思う。

大学の教員をやっていると、２０１８年問題という言葉をしばしば耳にする。18歳人口は、1992年の205万人をピークに減り続け、ここ数年は120万人程度で推移していたのだが2018年からは再び減少に転じ、2031年には100万人を割って99万人に落ち込むと予測されている。

18歳人口の減少は大学を直撃、今でも厳しい私立大学の経営の悪化が、2018年から一気に顕在化して社会問題化するのではないか——と言われているのだ。定員割れの大学が急増すると予測され、すると今まで以上に文科省の言いなりになるしかない。

「出生地主義を認めて、婚外子の権利を保障する。そういう施策を進めれば、事態は好転するはずだと僕は思います。通貨はどんどんビットコイン的なものに取って代わられ、インターネットによって情報の国境線はなくなっている。そうすると、国家という単位の役割は軽くなります。昔は『日本人』と言われる民族が集まって、平和的、協調的な社会を構成していたけれども、今後も本当にそれは持続可能な社会なのでしょうか」

そうではないから、今の日本はこうなっているわけだ。

「だとしたら、国家の定義を、改めて考え直す必要があります。僕は国よりも地域だと考えています。日本という地域。この地域を発展させるためには、日本人というアイデンティティを民族に求めるのではなく、〝日本のことが好きだ〟〝日本の社会の文化的な要素が好きだ〟という想いや考えでいいのではないか、と思います。肌の色が何色であろうと、宗教が何であろうと、そこは何も問題ではない」

三木谷浩史の話を聞きながら、僕は作家の島尾敏雄のヤポネシアという考え方を思い出していた。島尾敏雄の造語であるヤポネシアは、ポリネシアやインドネシアと同じように日本列島を島々の連なりとしてとらえる視点である。琉球弧から東北、北海道までを含めた豊かな連なりが、ヤポネシアなのだ。

「もっと踏み込んで考えると、国が重要なのではなく、国民が重要なのではないでしょうか。国民が繁栄していくためには、もっと外国人がいたほうがいいし、出生地主義にしたほうがいいし、また婚外子の権利を保障すべきです。その議論をしたほうがいい。皆がその必要性を理解しているはずなのに、この問題を新経連で取り上げようとすると、躊躇する人が多いのも事実です。原発問題にしても同じです。小泉（純一郎）さんを新経済サミットに呼ぶ時も、『そんなことしたら、協賛社が嫌がる』『霞が関の役人が私の言うことを聞かなくなる』などの声が上がる。『上等じゃねえか』と僕は思いますけどね。僕は考えなしに信じるのが苦手なんです。『そもそも国って何だっけ』とか『そもそもお金って何だっけ』という考え方をしていくと、昔は藩が国だったわけですし、日本人はあちこちから来たわけです。その本質を忘れているから、今の日本は袋小路に陥っているのです。そんな時こそ、逆転の発想です。これだけ平和で、セキュリティがしっかりしている、なおかつ文化的多様性の許容性がある今の日本を、ここでさらに開国するのです。この決断ができるかどうか。その点では楽天が、ある意味大きな役割を担っているのかもしれないと思います。様々な規制に挑戦し開いていっていますから」

楽天を亀山社中と呼んだ三木谷の真意はここにあるのだろう。日本を開国に導くために亀山社中を作った坂本龍馬と同じ思いが、ここには流れている。

国は学校教育を変えられない

興銀時代の後輩で、現在は学校運営機構株式会社の代表取締役社長である鈴木淳も言っていた。

「学校教育に関しては、文部科学省も含めて誰も解答を持っていない状況だと思います。『こうしたほうがいい』とか『こうすべきだ』ということについて、教育に直接関わる立場の人たちがまったく答えがわからなくなっている状態です。いろんな意見が各方面から出てきて、その間を右往左往するように、行ったり来たりするばかり。こんな状態が続いている。これは不幸な状況ではありますが、変革の時には仕方がないことなのかもしれません。国は何もできません。というのも、現行の法律では、〝三すくみの状態〟であり〝じゃんけんの関係〟なのです。つまり、文科省は大学に直接手を出せます。しかし、高校は都道府県の管轄ですから、文科省は直接差配できない。その上、小学校、中学校は市町村のものです。そのように分かれていて、どこもすべてに直接手を出すことができない。これが、〝じゃんけんの関係〟で、誰も全員には勝てない。だから一気に改革することができないのです」

なぜそういう制度になっているかと言うと、戦後まもない頃に共産化の嵐が世界を席巻し、この時にGHQは日本が社会主義国家になってはまずいと考え、特定の思想が学校教育全体に入り込まないように制度を作ったからである。

基本的なガイドラインを決めるのは文科省でいい。しかし実践はあくまで現場の行政に任せる、というスタイルである。そういう立てつけになっており、それがそのまま現在まで来ている。

鈴木が続けて説明してくれる。

「国は学校教育を変えられない。だとしたら、民間が、株式会社がやったほうがいい。

私企業なら経済合理性で動かせますから。その観点から改革を始めて、全体をなし崩し的に変えていくしかないと思います。発想としては、バブルが弾けた以降に大企業が辿った道をなぞるしかない。プラットフォームを誰かに任せるのです。その当時の大企業は、経費を削減するために、人事部の業務や総務部の業務、場合によっては経理などもアウトソーシングした。それによってオペレーションコストを下げたのです。これと同じことを学校でもやっていかないと、たぶんもう間に合わないですよ」

学校の収入は減るのにコストは増大するばかりである。では、どうすればいいのか。

鈴木淳はこうした状況を前提に、学校運営機構株式会社を作ったのである。

「学校というところは、オペレーションに関して共通化できることがたくさんあることに気づいたのです。基本的にはオペレーションの部分がプラットフォームで、その上に乗るコンテンツとしての教育がある。教育哲学であったり教育方法だったりがある。この上下を分離することができれば、学校はもっと効率的に、コストをかけずに運営できるはずだと考え、学校運営機構株式会社を作りました。学校を運営する機構ということです。これから子供の数はどんどん減っていき、学校経営はより厳しくなります。１０００人いるような比較的大きいとされる中学、高校でも、売り上げ的にはせいぜい30億円、40億円ですから、コンピュータ投資だってそんなにはできない。

たとえば20億円をかけた最新のＩＴ投資はできないのです。それは公立の学校も同じで、私立だけの問題ではない。では今後どうやってコストダウンをしていくか、どうオペレーションコストを下げるか。これは非常に重要な問題です。やはり、プラットフォームを共通化することが効率的です。同じプラットフォームを利用する学校がたくさん集まればＩＴ投資もできるし、先生方はコンテンツに集中できる。それが普通になれば日本の教育は良い方向に変わっていくと僕は思います」

しかし、教育ビジネスはやはり難しいらしい。鈴木の考えを面白いと聞いてくれたとしても、基本的には教育というだけでベンチャーキャピタルは引いてしまうようだ。なぜか？　基本的には彼らベンチャーキャピタルは3年、4年くらいでエグジット（exit＝終わりにする、撤収する）しないと、資金を回せないからだ。だが、教育には、やはり時間がかかる。実に大切な価値のある仕事であることは誰もが認めるのに、間尺に合わないと思われてしまうのだ。

鴨川の学校が経営破綻するという報道が各テレビ局で流れ、それを見た鈴木淳は「これは面白い。買おう」と思った。かくして彼は千葉県鴨川市の文理開成高校の理事長に就任した。そして、鴨川市で彼の理想とする教育を、実際に開始したのだ。

「文理開成高校はオーシャンフロントで、窓の外に広がるのが、太平洋の大海原なんですよ。素晴らしいロケーションです。中国からの留学生も数多く受け入れてます。今では30％が中国人留学生です」

先生たちは最初、むちゃくちゃ大変だったそうだ。言語や習慣の壁にぶつかって困り果て、しかし基本的には日本語を勉強したい子たちなので、日本語で授業を行った。そのうちに、非常に面白い高校になってきてレベルも上がり、東大の合格者も出て、経営は完全に復活した。

「教育とは国の本丸なのです。国の未来は、その国を担う若者をいかに教育するかにかかっています。だからこそ、そろそろ三木谷浩史さんに登場していただきたいですよね。三木谷さんが本気になれば、日本の教育は変わりますよ。会社員時代は、様々なタイプの経営者に仕えました。これは僕が勝手に感じたことですが、とても優秀な経営者であっても、日本という国はどうでもいいという人もいます。自分の企業がすべてであり、日本国ではない。商人としても経営者としても、それで何も間違っていないし、いいと思います。ただ僕としては少し物足りない。だから辞めて独立し、日本のためになることをしようと思っているのです。やはり日本を良くしようという思いがないと、僕は仕事が面白くないんですよ。この国のより良い将来、この国を良くしたいという思い。興銀魂というか、そういう熱い思いを三木谷さんからは感じるんです。だから僕は三木谷さんが好きなんです。そこで、学校教育という日本の本丸に対しても三木谷さんに、もっともっと切り込んでいって欲しいと思うし、三木谷さんならできると思っているんです」

その通りだな、と僕も思うのである。

国は学校教育を変えられない。

そもそも国家の概念が変わってきている。

だったら民間が、もっとはっきり言うならば、実業家たちが何とかするしかないのである。

フィランソロピー元年

三木谷浩史が代表理事を務める新経済連盟は2016年に、「フィランソロピー元年」を掲げ、政府に制度見直しを求めた。

「日本には本来シェアリング（分かち合い）という思想もあるし、東日本大震災や熊本大地震などの災害ではあれだけ多くの人たちがボランティア活動に加わった。制度が変われば、日本にも欧米並みのフィランソロピストが出てくるんじゃないでしょうか。制度が許せばビル&メリンダ・ゲイツ財団のように専門スタッフを抱えた組織を作りたいと思っています。実業家が目指すのは単にお金を稼ぐことだと思われているかもしれませんが、実は違う。海外の実業家の多くは社会変革を目指していますし、僕自身も経済学者だった父の影響を受けて、企業の究極の目標は、人類社会の発展への貢献だと信じていますから」

フィランソロピーにおいて、父はキャピタリズム（資本主義）であり、母はデモクラシーだと三木谷は考えている。

「そして僕が考えているのは、エネミー（敵）はビューロクラシー（官僚主義）だということです。官僚主義に対する挑戦というのは、三木谷家の伝統なのかもしれないですね。もとを正せば本多忠勝がいるわけですから。要するにお上に対して、すべて言いなりになるわけではない。関ヶ原において西軍が敗戦した際、真田昌幸・真田信繁（幸村）親子が死罪になるのを、忠勝は身を挺して止めました。真田家を取りつぶすつもりなら、俺は真田家につく、と。そういうDNAが反骨の経済学者であった親父にも、そして僕にも受け継がれているのでしょう」

そう言うと、三木谷は彼らしく豪快に笑った。

三木谷良一は亡くなる半年前に、「たった60年、70年前の戦争で身にしみたことがほとんど忘れられてます。それが残念です。これがとても心配です。僕たちの世代、僕たちの次の世代の実体験が忘れられることは、心配です」と述べ、息子の三木谷浩史はこれを受けて「憲法についても議論されてますけど、あの憲法ができた時はきっとすごく明るい気持ちだったと思います。すごく良いものができたと誇りに思った。それがいつの間にかアメリカから押しつけられた屈辱的な憲法だと言い換えをしてる」と応じている。

第二次世界大戦後の朝鮮戦争やベトナム戦争に、憲法があったから巻き込まれないですんだのだ、とこの親子は言う。そして息子はこう結んだ。

「すごく役立ってるでしょう、あの憲法」

そんな三木谷浩史が、評論家や小説家ではなく、実業家として日本の舵取りに参画している。そしてフィランソロピーを実現しようとしている。

太陽のような子供と言う他ない屈託のなさから、彼がいわば舌禍事件を引き起こすことがなかったとは言えない。本書の中でも、たとえば「学習指導要領などはなくしたほうがいい。好きにやれ」などという発言は、文科省の役人が読めば問題視するかもしれない。

だが、短い期間だったが共に過ごす機会を得て、話を聞くことができた僕は思うのだ。

三木谷浩史という存在は、経済の領域を超えて、日本と世界の未来にまちがいなくポジティヴな影響を与え続けていくだろう、と。その最大の理由は、三木谷良一・節子夫妻の太陽のように温かい愛情を「背中いっぱい」に受けて育ったからだ。

これから何度も、彼は岐路に立つことになるのだろう。その度に、「こちらの道を選んだら親父に切腹させられるかもしれないなぁ」と思いながら、選択を重ねていくのではないだろうか。

そんな三木谷浩史は同時代人なので、彼が描き実現していく壮大な未来を、僕らは見ることができるのだ。それはこんな時代にあって、数少ない幸運と幸福のひとつなのではないだろうか。

特別付録　家族の会話「日本よ再び海洋国家になれ！」

もう一回大航海時代に戻るべきだ

２０１３年5月7日のことである。三木谷浩史は、日課としていつものように、父親の三木谷良一が療養する渋谷のマンションを訪れた。母親の三木谷節子が看護にあたっていた。

良一は２０１３年11月9日に亡くなったので、その半年前ということになる。

この日、集まった三人は様々な話をした。ご家族の了承を得て、この貴重な家族の会話を収録させてもらうことにした。

まず、父親の良一がこんなことを言いだした。

「山田長政は偉かった」

山田長政は江戸時代前半にシャム（現在のタイ王国）に日本人町を作り、東南アジアで活躍した人である。沼津で生まれたと言われているが、出身地については駿府、伊勢、尾張、長崎の諸説がある。

良一が続ける。

「あの時代に、東南アジアのほうへ行っとる。かつての日本にはこんなに勇敢な人がいたんだ。多分、行くのはかなり大変だったと思う」

浩史が上体を前に傾け、

「帆船で行ったのだから、4隻に1隻ぐらいは沈んだんじゃないかな。そのような時代でも海外に目を向けた。日本人は民族として、かつてやったわけだから、現代の我々にもできないわけがない。海外に出ることは非常に重要だと思う」

沼津藩主に仕えた山田長政は、駕籠かきをしていたという説がある。その後、1612年に朱印船で長崎から台湾を経てシャムに渡った。津田又左右衛門筆頭の日本人傭兵隊に加わり、頭角を現し、アユタヤ郊外の日本人町の頭領となった。

アユタヤ国王より高官に任ぜられ王女と結婚したという説もあるが、これはタイの記録に該当する人物が見られないことから、今では物語だろうと考えられている。

考えてみれば、三木谷家の家系でも戦前から海外に行く人が多かった。そのことを三木谷良一がこう説明してくれた。

「海外に出ることについては、僕たちには何も抵抗はなかったですね。これは神戸の文化だと思います。東京や名古屋だったら、もう少し躊躇していたかもしれません。神戸大学のスタンスも面白く、官僚などは何も尊敬されず、貿易商や国際金融など商業を目指すほうが神戸の者には向いている。節子の父親である浦島秀雄さんも海外に出ていった人ですし。東京であれば、霞が関だけ見て、『これが出世の道だ』と思ったかもしれないけれど、僕たちにはそんな発想はなにもなかった」

終戦直後、神戸大学からはアントレプレナーがたくさん出た。

「大阪にある商社の社長が一時期すべて神戸大学出だった」

と良一が言うと、節子が、

「明治時代から神戸出身者ばかりでしたから。大正時代にできた伊藤忠、安宅産業、丸紅、それからニチメン。兼松もそうでしょう」

と応じる。

こういう会話ができる家族というものを、僕は驚嘆の面持ちで眺めていた。良一が言った。

「東京にあったのは、三井、三菱といった大商社でした。それと対照的に大阪はもっとプライベートな商社で、綿業中心でした。綿の輸出を中心に始まったんです。羊毛の輸入をやったのが神戸の兼松羊毛。兼松さんは、一橋大学と神戸大学に寄付してね」

「一橋大学の講堂が兼松講堂。神戸大学の研究所もそうですね」

と節子がつづけた。

一橋大学の講堂は、株式会社兼松商店（現兼松株式会社）が創業者兼松房治郎翁の遺訓に基づき寄贈、1927年（昭和2年）8月に創建されたロマネスク様式の建物である。

1919年（大正8年）、神戸高商（現神戸大学）に兼松商業研究所（兼松記念館）を建築寄贈、研究基金の寄付をし、財団法人兼松貿易研究基金を設立した。

設立以来80年以上の歴史を通じ、国際経済及び国際経営に関する高度な研究機関として、多くの研究業績を蓄積してきている。

良一がこう続ける。

「兼松房治郎さんは立派な財界人ですね。卒業生ではありませんが、商業が軽視されている教育はよくないという考えを持っていたので、一橋大学と神戸大学に寄付をしたのです」

良一がそんなふうに語るのを、浩史はうなずきながら聞き、やがて、こう言った。

「商業は重要です。日本はあまり合理的ではないところで動く。それはまるで、江戸時代以来の既得権益、陣取り合戦のようです。幕藩時代からの既得権益があり、それが流通を阻害している。しかし世の中は変わっていることをそろそろ理解するべきです。スクラップ&ビルドが大事なのに、廃業率が低いのです。今までは、モラトリアム法でいかに日本の企業を救うかといった議論があった。しかしながら、救ってはいけないのです。時代に取り残されたものは、潰し、そのうえで新しい産業を生み出す必要がある。それなのに税金を使って、いかに企業を救うかだけが議論される。それは今までの日本にはイノベーションが必要とされなかったからでしょう。でも時代はダイナミックに変わってきている。日本も国の概念から飛び出して、もう一度『大航海時代』に戻らなければならない。『日本よ、再び新しい海洋国家になれ』と僕は思います。インターネットという海に漕ぎ出さなければならない。既得権益、陣取り合戦の時代は既に終わっています。自分の小さな権益を守ろうとしていてはだめなんです」

医師会、農協、電力業界まで既得権益を守ろうとする

良一が浩史に聞く。今はどんな権益を守っているのだろうか。既得権益を守っている限り、進歩はないんだが、と。

すると浩史が、少し速く強い口調で言う。

「医師会から農協、電力もそうです。守ってもジリ貧だろうと思える業界ばかりです。

もちろん守ることが皆の幸せになるならいいけれど、変化を恐れているだけにしか思えない」

良一が、

「電力は、どういう根拠に基づいてやってるのだろうか？　とにかく情報開示を全然しない。近畿ではそうだが」

と言うと、浩史が答える。

「近畿でも東京でも、僕が財界に言うのは、電力のことなんです。でもこの問題はタブーで誰も言わない」

「本当にそうだ。神戸や大阪で何かやろうとすると、仕切るのはほとんど関西電力。だからそういう議論はタブーだった。戦中・戦後から電力を最優先したから、それが固まったのだろう。電力会社は自由競争の業界にしないと、今後の産業はもたないだろう」

その言葉に浩史が、「電力村、電電公社村。それを守ってきたのは経団連」と応えた。

息子の言葉を良一が継ぐ。

「有無を言わさず、これを守るんだという雰囲気を作ってね。それには、なかなか反対できない」

おそらく、と僕は考えた。三木谷浩史が高校生の頃も、大学生の頃も、そして興銀時代も、この家族の間ではこういう会話が交わされていたのだろう。

普通の家族の団らんというものとは、少し違うのかもしれない。だが実は家族の間でこそ、経済や政治やこの国の未来について話し合われるべきなのだ。

最初の頃は、息子には難しい話題だったにちがいない。だが少しずつ、彼は経済や政治の生きた仕組みを理解していったのだろう。やがて、自分自身のビジョンを明確にし始めたのだ。楽天は、実はこうした家族間での会話から生まれたのだろうと僕は考えた。

「浩史は経団連をやめたんだね」

父親が、思い出したように言った。

「経団連の凝り固まったメンタリティにがっかりして、脱退しました。電力業界を保護しようとする態度が許せなくて。つい先日、ある新聞社の社長と話をした時のことです。『三木谷さん、勇気があるね。あの時、手を挙げて原発について反対する人は少なかった』と言って、経団連の会合の際の僕の発言を評価してくれました。会合の際の議事録を見てみると、『原発再稼働の問題はやはり慎重にすべきである』と言い、それでも早期再稼働を目指すのであれば、『早期再稼働は産業界の一致した意見ではないと明記してくれ』と僕は言ったのです」

「神戸の経済界も財界もそこに嚙んでる。地域で独占している」

と言う良一。すると浩史が、両親を前にこう言ったのであった。

「そんな既得権益は、ぶっ潰さないといかんですよ。まず、電力の自由化。これは当たり前であり、非常に重要です。最初に電力の自由化で成果を挙げる必要があります。日本はエネルギー代金が高すぎる。ガスがアメリカでは3ドルであるのに対し、日本は15ドルですから5倍です。マーケットプライスなら下がるはずで、3ドルに下がるでしょう。様々にできない理由を作って、新規参入できないようにしてるんです。それでも、時代の流れは止まらない。僕は『そういう無駄な抵抗はやめろ』と言いたい」

父親の良一は既に自分がもう長くないことを悟っていたのではないだろうか。だからこの時、最後に息子に言い残さなければならないことを語ったのだ。

「電力会社は長期契約にしているのに値段が下がらない。それがおかしい」

父親がそう言い、息子がこう応じる。

「それはやはり経産省が主導でやっているからです。経産省がそういう契約をさせている。だから、官僚の大罪ですよね」

父親がうなずくと、今度は母親が実に本質的なことを言った。

「マスコミ革命って言われているよね。マスコミを変えないと、今のままではだめでしょう」

「ＴＢＳ買収の時もいろいろあったよね。でも自然とインターネットのほうが力を持ってきた。選挙でもそうです。今日、アメリカの雑誌社の副会長が来て、いろいろ聞きました。彼が言うには、アメリカの大統領選挙は、一回の選挙に12億ドル、つまり１２００億円かかるそうです。オバマ氏は、インターネットで７００億円集めたそうです。日本も、今後はたぶんそうなるでしょう。受け皿は個人でも政党でもいい。これは、実は革命的なことですね」

母親の節子の顔は、しかし曇ったままである。

「それでほんとに変わるの？」

珍しく浩史は少し考え、こう答えた。

「たぶん……政党は再編成になると思います。最近思うのですが、安倍首相が本当に既得権益をぶった切れるかというと、若干、疑問が出てきたな、と」

両親は、無言のままうなずいた。

三木谷は既得権益に対する戦いを続けている。医薬品ネット販売の騒動の時もそうだった。「我田引水だ」「楽天の利益のために熱心なのだろう」と陰口を叩かれたが、三木谷には「これくらいの規制すら撤廃できないようであれば、規制改革なんて進まない」という信念があったからこそだろう。実際、楽天市場における薬販売のシェアは微々たるものなのだから。

あの時、もしも今の憲法がなかったら

「日本が、抜本的に変わっていない理由ってなんでしょうかね？　なぜ変われないのかしら？」

節子が良一に聞くと、彼が穏やかな口調のまま答える。

「アメリカに行った時に、非常に印象的だったのが、アメリカ人はいろんなことについて、フェアに判断するということだった。そのフェアに判断するのは個人。きちんとした個を持っているのです。アメリカ人はプライドが高い。そのプライドの高さが、潔さにつながる。アメリカでは、何か失敗したらちゃんと敗北宣言をやりますよ。でも日本の場合は、それをごまかす」

「いつから日本はそうなったのでしょうね」

節子の言葉に良一が深々と溜め息をつき、こう言った。

「たった60年、70年前の戦争で身にしみたことがほとんど忘れられているからだろう。それが残念で、かなり心配だね。そういう僕たちの世代、僕たちの次の世代の実体験が忘れられることが心配です」

浩史が両親の会話を受けて、憲法についてこう述べた。

「憲法についても議論されているけれど、憲法が制定された時って、おそらくとても明るい気持ちだったと思う。すごく良い憲法ができたと、それを誇りに思った。それがいつの間にかアメリカから押しつけられた屈辱的な憲法だと言い換えをする人たちが出てきた」

「それまでの日本は本当に酷かった。軍国主義が酷かった」

「その後の朝鮮戦争やベトナム戦争にも、憲法があったから巻き込まれないですんだ。現憲法はすごく日本の発展に役立っていますよ」

と浩史が言えば、良一も同意する。

「そうです。そのことを皆、忘れています。あの時、もしも今の憲法がなければ、間違いなく日本も参戦していたでしょう。朝鮮戦争の頃のことを、僕はよく覚えている。

決して、戦争をしてはいかんのや」

良一の強い言葉に浩史が言う。

「僕たち今の日本人は意識を変えなければならない。流行に乗って付和雷同的に動く日本的民衆心理を変えないといけません」

母親の節子がピシャリと言う。

「自分で考えるってことね。自分の意見を持って、発言する。そして、発言したことには責任を持つ」

もう一度書くが、これは大学や高校の授業でもなければ、シンポジウムにおける発言でもない。両親と息子が三人で、家庭で交わしている会話なのである。教育機関の末端に連なる者として、本来的な教育というものはこうでなければならないのだと僕は考えていた。

三人の話は、自分で考える力が大切であり、そのためには必要な情報にアクセスしなくてはならない、という――しかし今のマスコミジャーナリズムは正確な情報を発信しているのだろうか、というところに戻ってきた。

「マスコミはやはり重要です。マスコミの自覚も含めて。アメリカのマスコミ陣やオピニオンリーダーとは、日本のマスコミは少し違う気がする」

と言った良一に浩史がうなずいた。

「本当にそうです。アメリカはマスコミも個人です。論説者でも新聞社のオーナーでも個人。日本にはその引き受け方がない。僕はそれを憂えます。個人がないから、個人から発する論点がない。安倍総理をどのように評価するのかが、きちんとしたリベラルの大人の中でも固まってない。本当はサイレント・マジョリティーと言うか、きちんと考えている人たちもいると思うのだけど。この風潮のように個人がないと、いつ戦争になってもおかしくない。10年後には本当に戦争をする国になっているかもしれない」

息子のこの発言に対する返答が、経済学者・三木谷良一ならではのものであった。彼はこう答えたのだ。

「個々の日本人が、自分で国際化しなければならない。自分で調べて、客観的に日本というものを見ることが必要です」

２０１１年の東日本大震災、福島の原発事故以降、新聞やテレビなどジャーナリズムに対する信頼は失墜している。僕が大学で教えている二十歳前後の若者たちの多くがテレビを視聴せず、新聞を読まない。彼らのニュースソースは言うまでもなく、インターネットである。

そんな今、僕らは「自分で調べて考え」「自分で国際化」することが必要なのだと、この家族は言っているのだ。

シュンペーターと夏目漱石

この自由な空気に包まれた家族というのは、どうして生まれたのだろうか。アメリカ体験？　あるいは、神戸だからなのか？

三木谷浩史が答えてくれた。

「東京の人は、やはり何か、精神的に壁を作ってしまう気がします。ところが神戸の人はそうではないから不思議に思われることが多い。僕はＴＢＳの人と戦いましたが、別に今では普通ですよ。『そんなこともありましたねぇ』といった感じなのです。あまりこだわりがないと言えるかもしれない」

「浩史は子供の頃から友達を作るのが上手だったからね。でもお父さん（良一）も友達を作るのが上手くて、たくさんの友達がいたよね」

と節子が二人を見て言う。

「それに必要なのが、『オープン』と『好奇心』やね」

と良一が言う。

こんな弾む会話から、次に浩史が提供した話題は移民の問題だった。日本はもっとオープンになるべきなのだ、と彼は言う。ホスピタリティと、寛大な心で、周辺の人たちを受け入れるべきなのである、というのが彼の基本的な姿勢だ。そして、こう述べた。

「とにかく移民制度をなんとかしないといけないでしょう。でも日本人なら受け入れられるはずです。うちの会社（楽天）なんて、外国人だらけで、全体だと2割、開発部門であれば5割が外国人です。多い国籍は、中国とアメリカ。それから東欧も多い。ポーランドとかハンガリー。それから北欧。彼らはすごく優秀なんですが、控え目でボソボソボソとしか喋らない人が多い印象。そういう人は日本が好きなんです。日本人の情緒もわかる」

山田長政は偉かったと言った父親が、こう言った。

「僕は周辺のアジアの国々も重要だと思うね。フィリピン、ベトナム、インドネシア、ミャンマー、そして台湾。政治家は別の考えがあって違う動きをするだろうが、民間交流を実務者がやるのが大事」

浩史が、いつもの口調で言う。

「中国の問題もいずれ解決はしなくちゃいけないわけだけどね。市場としては大きいから。でも今の日本は基本的にイノベーションを起こす刺激も動機もない。最近の日本には成功体験なんて、ひとつもない。シャープを助けようとする動きも同じでしょう。シャープは潰れたほうが良かった。ＪＡＬも同じ。そうすればＬＣＣがもっと出てきて、航空代金が半額ぐらいになってたでしょう。本当に不合理で不思議の国です、日本は」

三木谷浩史はこういうことを、場所がどこであろうとストレートに発言することがある。それで誤解を招くことも多いのだろうが、しかし、それがこのアントレプレナーの推進力になってきたのは間違いない。

そんな彼の「背中」をそっと押すように、経済学者の父親が言う。

「そんな日本にとって新経済連盟は重要だね」

「新経連には、的確なアドバイザーがいます。ケインズとシュンペーターです。楽天だって基本的なフレームワークの根幹はシュンペーターです。インターネットは、結合なんですよ。超結合。ところがそれを使いこなし始めると、国が阻止しようとする。たとえばクルマの自動操縦もインターネット・テクノロジーでできるようになるでしょう。それが、みんながコンピュータを持って歩いている現代という時代なのです。

それなのに時代に逆行するように、既得権益を守ろうとする。日本の一番大きな問題は、イノベーションを阻害することです。それがアントレプレナーシップも阻害する」

父親が上体を前に乗り出した。

「そうそうそう、実業家がイノベーションを起こすんや」

「そうです、国にはイノベーションを起こせない。それがわかっていないから、失敗しそうな試みばかりで、今のシステムでは絶対成功しない。僕は将来的に国民栄誉賞をやると言われても、絶対辞退しようと思う」

「それがいい。日本で勲章を辞退した先達には夏目漱石がいる。辞退した一番初めだろう。勲章のために『吾輩は猫である』を書いているんではないと言った。彼は江戸っ子だし、独立した個人だったからこその心意気だったと思う。それに負けないように今の日本人も個人として確立しないといけない」

「やはりアントレプレナー論ですね。なぜ、アントレプレナーが必要か。個人の力は大きいと思います。Appleもやはり、スティーブ・ジョブズの存在が大きかった。Googleは、ラリーとセレビ。Androidもアンディ。結局、アントレプレナーです。だから、今、僕たちもやらないと」

気がつくと、大きなガラス戸の向こうは夕闇に包まれ始めている。

この日、三木谷浩史は両親から「情報」を超えた多くのものを受け取ったのだろうという気がする。それはまた、僕たちにしても同じことなのだと、話を聞いていて感じた。

本書は書き下ろしです。原稿枚数372枚（400字詰め）。

〈著者紹介〉
山川健一　1953年千葉市生まれ。東北芸術工科大学芸術学部文芸学科教授、学科長。77年「鏡の中のガラスの船」で群像新人文学賞優秀作受賞。著作は百冊を超える。

GENTOSHA

問題児
三木谷浩史の育ち方
2018年2月7日 第1刷発行

著　者　山川健一
発行者　見城 徹

発行所　株式会社 幻冬舎
〒151-0051 東京都渋谷区千駄ヶ谷4-9-7

電話:03(5411)6211(編集)
03(5411)6222(営業)
振替:00120-8-767643
印刷・製本所:中央精版印刷株式会社

検印廃止

ISBN978-4-344-03251-4 C0095
幻冬舎ホームページアドレス　http://www.gentosha.co.jp/

この本に関するご意見・ご感想をメールでお寄せいただく場合は、
comment@gentosha.co.jpまで。